W0233328

Erwin Brucker
Leben nach dem Tod

ERWIN BRUCKER

Leben nach dem Tod

DEUTSCHE LITERATURGESELLSCHAFT

Die Deutsche Nationalbibliothek verzeichnet diese Publikation in der Deutschen Nationalbibliografie; detaillierte bibliografische Daten sind im Internet über dnb.dnb.de abrufbar. Die Schweizerische Nationalbibliothek (NB) verzeichnet aufgenommene Bücher unter Helveticat.ch und die Österreichische Nationalbibliothek (ÖNB) unter onb.ac.at.

Unsere Bücher werden in namhaften Bibliotheken aufgenommen, darunter an den Universitätsbibliotheken Harvard, Oxford und Princeton.

Erwin Brucker
Leben nach dem Tod

ISBN 978-3-03831-038-9

Buchsatz: Danny Lee Lewis, Berlin: dannyleelewis@gmail.com

Sie finden uns im Internet unter: www.Deutsche-Literaturgesellschaft.de
Deutsche Literaturgessellscht ist ein Imprint der
Europäische Verlagsgesellschaften GmbH
Erscheinungsort: Zug
© Copyright 2015, 2019. Alle Rechte beim Verlag.
Deutsche Literaturgesellschaft
Fasanenstr. 61, 10719 Berlin
Sie finden uns im Internet unter
www.Deutsche-Literaturgesellschaft.de

Ein Imprint der
Europäische Verlagsgesellschaften GmbH.

Inhalt

Johanna Brucker

Vorwort

Warum schreibe ich dieses Buch? Gibt es nicht schon genügend Beiträge zu Nahtoderlebnissen? Schon seit Langem beschäftige ich mich mit der Frage, ob es ein Leben nach dem Tod gibt und welchen Sinn unser Leben hat – so wie wahrscheinlich jeder. In vielen Gesprächen mit Patienten, die in Notsituationen am Kern ihres Daseins angekommen waren, hat sich in den wiederholten Gesprächen ein schlüssiger Gesprächsfaden gebildet, der verblüffend logisch ist. Je öfter ich davon erzählte, umso plausibler wurde es. Lassen Sie sich einladen zu einer Reise, was wir heute schon über ein Leben nach dem Tod wissen können.

Wie man dieses Buch lesen sollte

Es ist kein dogmatisches Buch, das Ihnen vorgibt, was sie glauben sollen. Es ist ein Buch, das Fragen stellt und diese zu beantworten sucht. Ein jeder muss sich zu diesen Antworten seine eigene Meinung bilden. Es sind die Fragen, die uns immer wieder beschäftigen, die sich jeder schon einmal gestellt hat.

Es ist somit kein Buch, das man an einem Tag durchlesen soll, man sollte immer wieder Pausen einlegen und darüber nachdenken, ob denn dies alles so stimmt, stimmen kann, was ich gedanklich entwickle.

Die erste Frage, die beantwortet werden will, heißt: Was ist der Sinn unseres Lebens?

Hier wird ein jeder schon seine Antwort parat haben. Auch die Aussage, dass es keinen Sinn in unserem Leben gibt, ist eine Antwort.

Die zweite Frage, die sich stellt, ist: Wann sind wir glücklich?

Wir wollen doch glücklich sein!

Aus der Beantwortung dieser Frage, die jeder für sich selbst beantworten kann, erhebt sich die Frage:

Gibt es Bücher, die uns helfen können, noch mehr Glück und Zufriedenheit zu erreichen?

Die dritte große Frage ist: Was bedeuten die Nahtoderlebnisse für uns? Gibt es Religionen, die damit vereinbar sind, die dies beschreiben? Was sind dann Religionen?

Diese Fragen versuche ich zu beantworten, und wir kommen damit zum innersten Kern unseres Menschseins.

Danksagung

Bedanken möchte ich mich bei Theodor Megalli für die Unterstützung und die Bilder seiner Mutter Helma Megalli,

weiterhin bei meiner Tochter Johanna für ihre Bilder und Skulpturen.

Meinen Kindern gewidmet, die mir immer wieder viel Freude im Leben bereitet haben.

Hinweise für Gott

Ist der Mensch transzendental angelegt?

Schon seit jeher beschäftigen sich Menschen mit dem Leben nach dem Tode, der Frage nach einem höheren Sinn des Lebens. Ich erinnere mich an eine Diskussion im Fernsehen, in der es um den Begriff »Ratio«[1], d. h. Vernunft ging. Die Vernunft hat ja in der westlichen Welt zu herausragenden wissenschaftlichen Entwicklungen geführt. Hier sagte ein beteiligter Sprachforscher[2], der Erfahrungen auch bei noch lebenden Urvölkern gesammelt hat, dass es diesen Begriff »Ratio« bei vielen Urvölkern nicht gebe. Aber es gebe in jeder Sprache Wörter, mit denen wir die Frage nach dem »Woher kommen wir, was sollen wir hier auf Erden und wohin gehen wir?« stellen kann. Natürlich wird es dann auch die Antworten dazu geben, in Mythen, in Geschichten von der Erschaffung der Welt. Die »Ratio« gipfelt in dem Ausspruch von Descartes[3]: »Cogito ergo sum«, ich denke, also bin ich, d. h. der Mensch erklärt sich durch seinen Verstand und sein intellektuelles Leistungsvermögen.

Der Begriff der »Ratio« war vor 400 Jahren neu, und man konnte den Stolz der Menschen nachvollziehen, im Hochgefühl der Renaissance[4], die Welt wieder neu zu entdecken. Es wurden viele Erfindungen gemacht, wie der Buchdruck, der das Wissen einer großen Zahl von

Lesern zugänglich machte, wurden gigantische Bauwerke erschaffen, so der Petersdom, der Dom in Florenz.

Im 17. Jh. wurden von großartigen Mathematikern neue Rechnungsarten entdeckt, von Leibniz[5] das Integral[6], eine Rechenform, die ein neues Universum an Möglichkeiten erschloss. Newton[7] entdeckte die Gravitationskräfte[8], später erkannte man Bakterien und Viren als Krankheitsverursacher, und noch später entdeckte man die riesigen Kräfte, die in Atomen schlummerten[9]. Diese Erkenntnisse wären ohne einen scharfen Verstand nicht möglich gewesen.

Auf der anderen Seite entwickelten sich Weltanschauungen, die glaubten, ohne Gott auszukommen, so der Kommunismus. Gagarin spottete bei seinem ersten Raumflug, er habe im Weltall Gott nicht gesehen.

Vielleicht musste er dies sagen, denn es war damals die Parteidoktrin in der Sowjetunion.

Aber an was erinnerten sich die Kosmonauten, viele Jahre nach ihren Flügen, als sie nicht mehr an diese Doktrin gebunden waren?

Sie sprachen von erhebenden Gefühlen und gleichsam mystischen Erscheinungen.

»Ich saß in der Station am Bullauge und beobachtete. Wer weiß warum, sehr oft, fast immer schien es so, als ob jemand von der Seite mich beobachtete. In jenem Augenblick war etwas. Und mir schien, dass irgendetwas Großes mich beobachtete, und schaute, wie ich das machte. Wie ich mit diesem Flug zurechtkomme.« ... »Was das war, ist schwer zu sagen. Aber es war wirklich. Es war irgendeine gewaltige Vernunft des Weltalls. Mir schien es manchmal so, als ob ich das Raumschiff Gagarins, Wostok, mit ausgestreckten Antennen fliegen sehe. Ich weiß nicht, waren das Kontakte mit der Vergangenheit oder Zukunft.«[10]

Helma Megalli

Der Mensch war auf einem geistigen Höhenflug und versuchte sich durch sein Denkvermögen, die »Ratio«, die Welt, ja das Universum zu erklären. Höhere Kräfte waren für diese Erklärungen nicht mehr vonnöten.

Ist es aber wirklich so, dass etwas, das ich nicht beweisen kann, deswegen nicht existiert? Oder scheitert es nur an meiner begrenzten Vorstellungskraft, dass ich es nicht »sehen kann«, weil ich gar nicht an diese Möglichkeit denke, ich quasi betriebsblind bin, obwohl es offensichtlich ist?

Ich denke, auch der Atheist muss sich letztendlich bewusst sein, dass auch er an etwas glaubt, nämlich, dass es »keinen Gott gibt«. Er müsste zum Beweis antreten, dass es »Gott nicht geben kann«. Sich nur etwas »nicht vorstellen zu können« genügt nicht. Beweisen kann er aber dies nicht. Somit »glaubt auch er«.

Dies ist so, wie wenn sich zu Zeiten Friedrich des Großen[11], dem berühmten aufgeklärten König und Philosophen, also im 18. Jahrhundert, im Zeitalter der Aufklärung, als man alles zu ergründen versuchte, sich Gelehrte die Frage gestellt hätten, ob es ein Leben ohne Licht, die Sonne, unseren Lebensspender, geben könnte. Mit Innbrunst der Überzeugung hätten sie gesagt, Leben ohne Licht könne es nicht geben, denn die Pflanzen brauchen Licht, um aus Wasser und Kohlendioxid energiereiche Verbindungen wie Zucker und Zellulose herzustellen. Diese stellen dann die Nahrungsgrundlage für die Tiere dar. Wo kein Licht ist, sterben die Pflanzen ab, wie in dunklen Höhlen ersichtlich. Somit können da auch keine Tiere existieren.

Heute wissen wir es besser. Leben braucht Energie, welche ist egal. Am Boden der Tiefsee existieren die »schwarzen Raucher[12]«. Hier gibt es kein Licht, aber die Tiere dort unten erhalten ihre Energie von Bakterien, die aus Schwefelwasserstoff Energie gewinnen.

Sich etwas nicht vorstellen zu können heißt noch lange nicht, dass es so etwas nicht gibt. Dies gilt auch für die Existenz der Seele oder ein Leben nach dem Tod – wobei ich glaube, dass es viele Hinweise für die Existenz einer Seele und ein Leben nach dem Tod gibt. Vielleicht ist es sogar leichter, zu beweisen, dass es eine Seele oder ein Leben nach dem Tod gibt, als dass es dies nicht gibt.

Letztendlich gehören beide, Theist und Atheist, einem »Glaubenslager« an: Die einen glauben an Gott und ein Leben nach dem Tod, die anderen nicht.

Fast jeder Mensch stellt sich die Frage, welchen Sinn unser Leben hat, und ob es hinterher weitergeht. Zivilisationen entwickelten Religionen, über die versucht wurde, Regeln zu finden, wie man leben sollte, in denen auch die Frage über das, was nach dem Tod kommt, zu beantworten versucht wurde.

Nachdem es in der Geschichte der Menschheit fast nur Zivilisationen gab, die an etwas Höheres glaubten, muss für Religiosität ein Bedürfnis im Menschen vorhanden sein. Der Spruch von Karl Marx, die Religion sei nur »Opium für das Volk«[13], greift zu kurz. Sicherlich wurden immer wieder die Kirche oder die Religionen für den Machterhalt der Herrschenden missbraucht, aber ich denke, wenn es wirklich so wäre, dass Religion nur ein anderes Machtinstrument der Herrschenden ist, hätten sich schon längst die Völker der Erde über die Jahrtausende von einem solchen Joch befreit.

Man könnte eher sagen, Religion entspringt einem Bedürfnis. Sie versucht die Frage nach dem Sinn des Lebens und ob oder wie es nach dem Tode weitergeht zu beantworten. Gleichzeitig wird uns durch eine Religion ein Leitfaden in die Hand gegeben, wie wir in dieser Welt leben sollen.

Eine der frühesten Religionen in einer Hochkultur entstand in Ägypten.

Die Ägypter kannten bereits das Paradies[14]. Es war das Ziel, dorthin zu gelangen. Nach dem Tode wurden der Seele viele Fragen gestellt, um sie zu prüfen. Alle Fragen mussten richtig beantwortet werden. Am Schluss stand die entscheidende Prüfung. Das Herz des Verstorbenen wurde durch die Götter auf eine Waage gelegt. Gegengewicht war eine Feder. Wenn das Herz gut war, d. h. leichter als eine Feder, sich also die Waage nach oben bewegte, so durfte der Verstorbene ins Paradies eintreten – ansonsten wurde er einem Dämon zum Fraß vorgeworfen. Dieses Ablegen von Rechenschaft für sein Leben findet man in vielen Religionen. Im Christentum kommt man in die Hölle, oder wenn es nicht gar so schlimm war, bei den Katholiken ins Fegefeuer[15,16].

Es ist schon verblüffend, dass gerade das größte atheistische Reich der Geschichte mit seinen unendlichen Ressourcen – die Sowjetunion – nur von 1917–1991 existierte, während andere Reiche mit religiöser Grundlage, z.,B. das Römische Reich und in dessen Nachfolge das Oströmische Reich, unter christlicher Religion seit Kaiser Konstantin (306–337 n. Chr. Geburt), weit über 1100 Jahre und das Heilige Römische Reich deutscher Nation[17] knapp 1000 Jahre existierten. Ohne religiöse Grundlage wären diese Reiche vielleicht schon viel eher zugrunde gegangen.

Religion ist allgegenwärtig

Die Indianer Nordamerikas kannten die ewigen Jagdgründe und in der Steinzeit wurde der Abschied des Menschen aus dem Erdendasein zeremoniell durchgeführt, die Bestattung fand in Gräbern statt, meist mit Utensilien für das Jenseits, Bogen, Pfeile, etc. Oft gab man den Verstorbenen noch Nahrung mit. Es wurden Vorbereitungen für einen guten Start im Jenseits getroffen.

Der Körper war somit das Schiff, in dem die Seele auf Erden weilte, und dem deswegen Ehre gebührte. Zum Schutz vor wilden Tieren wurde die Bestattung durchgeführt, gleichzeitig wurden dem Toten Beigaben mitgegeben, von denen man glaubte, dass er sie im Jenseits brauchen konnte. Somit müssen schon die Menschen in den frühen Epochen an etwas geglaubt haben.

Überraschend war auch das starke Wiederaufstehen der orthodoxen Kirche nach der Revolution 1991 in Russland. Es zeigt sich: Religiosität lässt sich nicht verbieten, sie ist immer da.

Was bedeutet dies?

Auch wenn im Heiligen Römischen Reich deutscher Nation oder im Byzantinischen Reich[18] nicht alles nach den Gesetzen der Nächstenliebe ablief, dies bei einem Herrscher, der die Staatsräson berücksichtigen muss, gar nicht möglich ist, so gab es für den Herrscher doch noch eine moralisch-göttliche Instanz, vor der er sich verantworten musste. Vielleicht hat dies zu mehr Verantwortung im Umgang mit den Regierungsgeschäften geführt.

Ludwig XIV[19], der als absolutistischer Herrscher andere Länder über-
fiel, für den Krieg nur ein anderes Mittel der Politik war, wurde zum
Ende seines Lebens sehr religiös, baute seine Kapelle in Versailles, in
der er regelmäßig war.

Was kann man daraus ableiten?

Dass der Mensch das Bedürfnis nach einer transzendentalen Ausrichtung hat, die ihm Halt und Stabilität gibt, aber auch eine Linie für sein
Handeln vorgibt, um sein Leben bei allen Schicksalsschlägen meistern
zu können.

Alles beeinflusst sich gegenseitig

In gewissen Religionen geht man davon aus, dass sich alles gegenseitig
beeinflusst. So heißt es z. B. im Buddhismus[20], dass man das, was man
anderen antut, eigentlich sich selber antut. Die Trauer des anderen über
seine psychische oder physische Verletzung fällt auf uns zurück, macht
uns bei vorhandenem Mitgefühl betroffen, traurig. Zum Zweiten führt
ein fortgesetztes Schädigen und Missachten des Nächsten zu einer inneren Verrohung. Man stumpft ab gegenüber dem Leid des Nächsten. Man
bringt sich auch um eine wichtige und allgegenwärtige Glücksquelle,
die Liebe zum Nächsten: Sich mit ihm freuen können, ihm Gutes zu tun.
Wie heißt es so schön: Geteilte Freude ist doppelte Freude, geteiltes Leid
ist halbes Leid.

Im Neuen Testament[21] der Christen gibt es in der Bergpredigt[22] Jesu eine
ganz klare Vorgabe, wie man leben sollte: Man soll seinem Bruder nicht
zürnen, man soll keine Vergeltung üben, man soll seine Feinde lieben,
man soll mit der Sexualität verantwortlich umgehen.

Wenn man so handelt, kommt es zu keinen schlechten Taten, vermeidet man, schlechtes Karma anzuhäufen. Nur in der Liebe kann man mit Negativem abschließen, indem man verzeiht, wobei man sich selbst den größten Gefallen tut, da man nicht mehr von schlechten Gedanken oder Rache vergiftet wird.

Eigentlich sind die Empfehlungen in der Bergpredigt eine Anleitung zum Glücklichsein, obwohl es auf den ersten Blick so aussieht, als ob es schwere Gebote wären, die man nicht einhalten könne. Es wird ein durch und durch positiver Lebensstil empfohlen, positiv in die Welt hinauszugehen, was nicht heißt, einfältig zu sein, und Negatives einfach hinter sich zu lassen, d. h. sich nicht davon vergiften zu lassen, von Neid, Hass und Vergeltung.

Es gibt ja auch in der Wissenschaft die Theorie, dass alles miteinander verbunden ist, sich gegenseitig beeinflusst. So z. B. postuliert die Quantenphysik[23], dass ein Experiment nicht nur durch die Ausgangswerte festgelegt ist. Auch der das Experiment Durchführende beeinflusst das Experiment durch seine Anwesenheit, ein Gedanke, der in der mechanischen Physik undenkbar wäre. Es zeigt sich hier aber die Annäherung zur buddhistischen Sichtweise[24] der Welt, dass alles miteinander verbunden ist.

Auch in den Nahtoderlebnissen wird die enge Verbindung zwischen uns und dem Nächsten offenbar. Nach unserem Tod läuft unser Leben vor uns wie in einem Film ab. Wir sehen all das, was wir getan haben, – mit dem einen Unterschied, dass wir nun auch die Auswirkungen unseres Handelns auf den Nächsten spüren, d. h. die Gefühle, die Verletzungen, die wir einem anderen Menschen zugefügt haben. Auch das ist eine Hölle – jahrzehntelang das Böse zu sehen, das wir dem Nächsten angetan haben, seine Enttäuschung zu verspüren. Hier werden sicherlich manche Despoten jahrhundertelang in diesem »Fegefeuer« schmoren. Auch hier sehen wir die direkte Verbindung des Nächsten zu uns, dass wir das, was wir dem Nächsten antun, eigentlich uns selber antun. Je mehr Böses wir getan haben, umso mehr müssen wir uns mit den anderen in der jenseitigen Welt aussöhnen, und wir spüren auch die Trauer und die Enttäuschung, die wir anderen bereitet haben.

Aus diesem Grunde ist es wichtig, ein Leben zu führen, das sich nach den Gesetzen der Liebe ausrichtet. Die Liebe ist die Erfahrung, die die Seele auf Erden machen muss. Durch den Körper kann die Seele ganz andere Erfahrungen machen im Vergleich zu einem Geistwesen, es gibt Hunger, Schmerz, die Sorge für andere, man kann sein Leben verlieren, für jemanden hingeben. Als Geistwesen, das unsterblich ist, würde es viel leichter fallen, Werke der Liebe zu tun – wir hätten keinen Hunger, wären unverletzlich. Der Lernerfolg wäre nicht so intensiv.

Mary C. Neal[25] war mit ihrem Kajak 15 Minuten unter Wasser eingeklemmt gewesen. Sie wurde aus ihrem Körper gezogen und fand sich auf einer Wiese wieder, wo sie von verstorbenen Verwandten empfangen wurde. Dort wurde ihr gesagt, dass sie noch nicht in den Himmel kommen könne. Auf dieser Wiese war auch ein Engel, vielleicht war es sogar Jesus, so ihre Einschätzung. Sie stellte ihm ihre Fragen, warum sie nicht in den Himmel dürfe. Die Person gab ihr die Antworten – sie habe noch Aufgaben auf Erden, sie solle auf ihren Mann aufpassen, sie müsse die Familie in einem Trauerfall, der Sohn würde in jungen Jahren sterben, stützen, um nur einige der Aufgaben zu nennen. Auf Erden hat sie ihrem Mann später das Leben gerettet, indem sie ihn drängte, sich einer Herzuntersuchung zu unterziehen. Hierbei wurde zufällig ein Lungentumor entdeckt, der noch frühzeitig operiert werden konnte.

Das Universum[26] – Hinweise auf Gott

Die Astronomie geht davon aus, dass das Universum aus 100 Milliarden Galaxien besteht, eine jede wieder aus einer Vielzahl von Sonnen, Planeten und Lebewesen. Die Galaxis, in der wir leben, die Milchstraße[27], besitzt ca. 100–300 Milliarden Sterne. Daraus ergibt sich eine unvorstellbare Zahl an Lebewesen, die auf den vielen Planeten leben. Die Tatsache, dass sich überhaupt Sterne und Planeten ergeben haben, hängt mit einem fein austarierten Gleichgewicht zwischen Anziehungskräften und Fliehkräften zusammen. Wenn es eine etwas andere Gravitationskonstante gäbe, sagen wir, die Gravitationskräfte wären etwas größer, so würde sich kein expandierendes Universum ergeben, sondern die ganze Materie würde sich zu einem großen Klumpen zusammenballen. Statt 100 Milliarden Galaxien hätten wir dann einen einzigen Klumpen. Wären die Gravitationskräfte geringer, so hätten wir nur Gas im Weltall, es könnten keine Sonnen entstehen, weil die Gravitationskräfte zu gering wären, um Materieansammlungen, erst einmal Gasbälle, zu bilden, die irgendwann mit der Kernfusion anfangen würden. Ohne Sonnen keine Planeten, die aus den schwereren Elementen nach einer Supernovaexplosion entstehen. Es ist somit ganz wichtig, dass wir genau diese eine Gravitationskonstante haben.

Harald Lesch[28,29], ein Astrophysiker, sagte, die Wahrscheinlichkeit, dass genau dieses unser Universum entstanden ist, mit den richtigen Naturkonstanten, dass sich Galaxien, Sterne, Planeten entwickeln können, auch mit Leben, ist zu vergleichen mit der Wahrscheinlichkeit, dass es einem gelingt, auf zwei senkrecht aufeinander gestellten Rasierklingen und einem Bierdeckel darüber ein Glas Bier im Gleichgewicht halten zu können. Wer könnte dies alles so genau eingestellt haben, eine so komplexe Aufgabe lösen, außer Gott?

Man kann natürlich auch an eine zufällige Gravitationskonstante glauben, aber dann müsste man an Milliarden von Universen glauben, ein jedes mit seiner eigenen, zufälligen Gravitationskonstante. Es gäbe dann viele Milliarden Universen nur mit einem riesigen Klumpen Materie in der Mitte, aber auch viele mit herumziehenden Gasschwaden. Dieser Gedanke mit den Milliarden Universen ist noch fantastischer, sodass man gar nicht umhin kann, an ein Universum und an einen Schöpfer, an Gott zu glauben.

Auch bei einem Glauben an Milliarden von Universen stellt sich die Frage, wer so etwas Gigantisches geschaffen haben kann. Auch hier landet man wieder bei Gott.

Was ist vor dem Urknall gewesen?

Es gibt den Satz von der Erhaltung der Energien. Über die einsteinsche Formel $e = mc^2$, d. h. die Energie ist gleich der Masse multipliziert mit der Lichtgeschwindigkeit zum Quadrat[30], können wir eine Umrechnung von Energie in Masse durchführen. Nachdem die Masse in unserem Universum 100 Milliarden Galaxien beträgt, die schwarze Materie, von der keiner weiß, was sie ist, noch nicht eingerechnet, muss eine gigantische Energiemenge vor der Erschaffung des Universums bestanden haben. Wo ist diese Energie hergekommen? Aristoteles spricht vom »ersten Beweger«[31], der alles in Gang gebracht hat. Dieser erste Beweger ist für ihn Gott.

Über welche gigantischen Energien muss dieser erste Beweger verfügt haben, damit er 100 Milliarden Galaxien schaffen konnte! Welches Wissen und welche Voraussicht müssen vorhanden gewesen sein, um aus den ersten Wasserstoffwolken Sonnen entstehen zu lassen, die dann als Supernovae explodieren und die Elemente für die Planeten bilden.

Entweder man glaubt, dass es nur dieses eine Universum mit genau diesen Naturkonstanten gibt, Gravitationskonstante, Kernkräfte, etc., womit die Existenz Gottes unausweichlich ist, denn die Tatsache, dass alles so zusammenpasst, ist äußerst gering, oder man glaubt, dass es Milliarden von Universen gibt, aber dies macht es auch nicht leichter, denn: Wer außer Gott kann diese Milliarden von Universen geschaffen haben?

Gott in uns

Bernard Jakoby hat Nahtoderfahrungen wissenschaftlich untersucht. In einem seiner späteren Bücher »Gesetze des Jenseits, Botschaften von Gregory«[32] erzählt er, dass er Kontakt mit »seinem Dual« im Jenseits bekommen habe. Was ein Dual ist, ist schwer zu verstehen, am ehesten ist es eine geistige Existenz, die im Jenseits existiert und für einen zuständig ist, uns auf Erden hilft, mit uns leidet und sich mit uns freut. Mit dieser geistigen Teilexistenz verschmelzen wir später im Jenseits, nachdem unser Ich die notwendigen Erfahrungen auf Erden gesammelt hat. Ich gebe zu, es ist schwierig zu verstehen, man muss auch nicht alles übernehmen, es ist wirklich Glaubenssache.

Worauf es mir ankommt, ist die Aussage, dass wir eine ständige Verbindung zum Jenseits haben, über unser Innerstes.

Ist dies möglich? Haben sich schon andere darüber Gedanken gemacht?

Die Mystiker im Mittelalter, Meister Eckhart[33], aber auch Teresa von Avila[34] in Spanien, sagen, dass Gott in uns existiert. Wenn Stille in uns ist, so können wir Gott spüren. Die Mönche in Europa, Benediktiner[35], Zisterzienser[36] oder Kartäuser[37], um nur einige zu nennen, suchten sich stille Orte in der Natur, in denen sie nach einer strengen Regel lebten, arbeiteten und beteten. Auch die Yogi in Tibet suchen die Stille, befinden sich in schlichten Hütten an einsamen Orten, oft ohne Heizung, und meditieren. Diese Verbindung zu Gott wird somit spürbar, wenn wir uns vom Trubel der Welt, ihren Begierden und Suchten, lösen. Dann ist uns der Blick in eine andere Richtung möglich, bekommen wir ein anderes, höheres Glück geschenkt.

Es ist für die Gesundheit der Seele wichtig, diese Verbindung zu Gott nie abreißen zu lassen. Sie ist deren Quell. Wie es der Seele eines Menschen geht, kann man, so sagen die Chinesen, an seinen Augen ablesen: Die Augen sind der Spiegel der Seele. Ein trüber Blick spricht somit für eine kranke Seele.[38]

Genau genommen sprechen die Chinesen in der traditionellen chinesischen Medizin vom »shen«[39], Geist, der sich in den Augen zeigt.

Die Mystiker[40] meinen nun, dass wir über die Seele praktisch mit Gott in Kontakt treten können. Um diesen Kontakt herzustellen, muss jedoch die Welt »stille werden« – dann können wir Gott hören. Dies lehrt bereits die Bibel. Gott kam nicht im Sturm, sondern im leichten Windhauch[41]. Man muss seine Sinne von der Welt abwenden, dann kann man Gott wahrnehmen.

Praktiziert wurde die Suche von Gott in unserem Innern auch von den Mönchen. Sie suchten die Einsamkeit, lebten als Eremit, oder arbeiteten abseits des Trubels, als Benediktiner, Zisterzienser, Kartäuser, einem Schweigeorden, etc. Die Regel der Benediktiner war »ora et labora«, bete und arbeite. Die Zisterzienser wurden 1098 von Mönchen gegründet, denen der Benediktinerorden zu wenig streng war. Auch die indischen und tibetischen Yogis suchen die Befreiung über Meditation, über das Einswerden mit dem »Buddha in uns«. Hier könnte man auch schreiben: Gott in uns.

Dietrich Bonhoeffer[42], Widerstandskämpfer im Dritten Reich und evangelischer Theologe, nannte Gott »Glücksquelle der Seele«: Wie schrieb er in seinem Gedicht »Von guten Mächten treu und still umgeben«[43], kurz vor seiner Hinrichtung im April 1945 in Flossenbürg:

»Von guten Mächten wunderbar geborgen,
erwarten wir getrost, was kommen mag.
Gott ist mit uns am Abend und am Morgen
Und ganz gewiss an jedem neuen Tag.«

Heißt dies nun, dass wir alle asketisch leben sollen? Ich sage »Nein«, ein jeder hat seine Aufgabe auf Erden, ob als Familienvater oder als Mönch, beide Bestimmungen sind wichtig.

In der Bibel heißt es auch, wer zum Heiraten bestimmt sei, solle heiraten.

Kinder zu bekommen, diese zu erziehen und das Gute weiterzugeben ist eine wichtige Aufgabe. Aber es geht um eine Wertung – nicht das geschäftige Tun, die vordergründige Befriedigung der Lust steht im Vordergrund, sondern die Suche und die Pflege unserer Verbindung zu Gott. Hierbei hilft auch die Pflege der Verbindung zum Nächsten. Über diesen Weg ist eine Verbindung zu Gott möglich. Wie sagte Jesus Christus im Neuen Testament: »Was ihr dem Geringsten meiner Brüder getan habt, das habt ihr mir getan.«[44] Im Buddhismus ist hier das Mitgefühl gemeint, das man für seinen Nächsten aufbringen soll, wobei dieses Mitgefühl ein Handeln, das das Leiden des Nächsten lindert, einschließt.[45]

Wenn die Begierde überhand gewinnt, so lenkt sich unser Blick in die Außenwelt, man will immer mehr haben, obwohl das, was wir haben, schon ausreicht.

Nicht umsonst gehört die »Gier« zu den sieben Todsünden.[46] Die Gier der Banker hat die westliche Wirtschaft 2007 beinahe in einen Abgrund gerissen, und die Profitgier im Umgang mit der Natur kann die Lebens-

Helma Megalli

grundlage des Menschen vernichten, denken wir an den Regenwald im Amazonas, die »Lunge der Erde«, wo Sauerstoff produziert wird. Der Wald wird abgeholzt, um Zuckerrohr für die Alkoholgewinnung anzubauen.[47] Dieser Alkohol wird dann als Biosprit dem Benzin zugemischt und verbrannt.[48] Auch die Klimaveränderung ist hier zu erwähnen. Hier sägen wir um des Profits willen am eigenen Ast, es entsteht durch einen geringen Profit ein großer Schaden für die Allgemeinheit.

Nicht umsonst heißt es im neuen Testament, dass man nicht für den morgigen Tag Sorge tragen solle, der jetzige Tag habe schon Plage genug.[49] Auch im »Vater unser«, ein Hauptgebet der Christen, heißt es explizit: »Unser tägliches Brot gib uns heute.«[50] Damit wird der Zukunftshorizont in die Gegenwart gesetzt. Das heißt nicht, dass wir nicht Vorsorge treffen sollen für den Winter oder etwas auf die Seite legen sollen, z. B. als Vorrat. Aber es steht im Gegensatz zu einem Denken, das aus einem Vermögen von 100 Milliarden Dollar 200 Milliarden machen möchte, unter Vernichtung von menschlichen Existenzen und natürlichen Ressourcen, d. h. Wald, Ackerland, Vergiftung von Trinkwasser, Ausrottung von Arten.

Die Steigerung der Gier ist die Sucht. Hier geht es um Alkohol, Drogen, Tabletten, aber auch Sex, Arbeit (Workaholic), die Anhäufung von Reichtümern als Selbstzweck oder um anderen zu imponieren. Auch die Geltungssucht kann man da anführen.

Die Sucht verschleiert den Blick auf Gott und auf den Nächsten. Die Gedanken kreisen nur noch um das Suchtmittel oder das, was man unbedingt haben muss. Andere Gedanken sind nicht mehr vorhanden, wesentliche Gedanken, wegen deren wir auf der Erde sind: die Pflege der Verbindung zu Gott, das Bedürfnis der Weiterentwicklung der Seele, die Aufmerksamkeit für den Nächsten und seine Bedürfnisse. Wir sind ständig damit beschäftigt, mit uns neue Vereinbarungen zu treffen, nur noch einmal eine Flasche Wein, nur noch eine Million, dann setz ich mich zur Ruhe, oder, wenn ich das und das erreicht habe, dann ist Schluss. Doch das ist ein Trugschluss. Es handelt sich um eine Grundeinstellung, einen Lauf, der ohne hohen psychischen Energieaufwand nicht gestoppt werden kann. Man befindet sich in einem Hamsterrad. Es ist wie eine Seifenkiste ohne Bremsen, die den Berg hinab rollt. Man wird immer schneller – und verliert den Blick für das Wesentliche im Leben.

Wie kann man aus diesem Teufelskreis entrinnen?

Zuallererst muss man sich die Sucht eingestehen. Dann ist eine absolute Ehrlichkeit notwendig, damit man die Lügen, mit denen man die Sucht rechtfertigte, erkennen und verwerfen kann. Dies erfordert Demut und das Eingeständnis, dass man von dieser Sucht abhängig war und sein Leben nicht mehr auf die Reihe bekommen hat, nicht mehr gelebt hat. Man braucht eine eiserne Disziplin, um aus diesem Sumpf herauszukommen und die Erkenntnis, dass man Hilfe von anderen annehmen muss, weil man es alleine nicht schaffen kann. Dankbarkeit stellt sich ein. Am Schluss gelingt es wieder, Gott und den Nächsten in den Mittelpunkt stellen, weiten sich Blick und das Herz, und man wird eine neue Freiheit erleben.

Gottesbeweise

Im Mittelalter wollte man Gott beweisen, so der Dominikanerpriester Thomas von Aquin (1225–1274)[51], ein sehr gelehrter Mann. Er formulierte fünf Beweise, die z. T. auf Aristoteles zurückgehen. Aristoteles sprach vom ersten Beweger. Die Thesen von Thomas von Aquin sind:[52]

Es gibt einen ersten Beweger, jemanden, der alles ins Rollen gebracht hat. Dieser eine ist Gott.

Es gibt keine Wirkung ohne Ursache. Die erste Ursache »ist Gott«.

Es muss eine Zeit gegeben haben, in der keine physikalischen Objekte existierten. Dieses etwas, das die Materie zum Existieren brachte, nennen wir Gott.

Die Dinge in der Welt sind gestuft, es gibt Abstufungen von Tugend und Vollkommenheit. Wenn es Abstufungen gibt, so muss es auch eine maximale Ausprägung geben, und diese ist Gott.

Das teleologische Argument: Die Dinge sind auf ein Ziel gerichtet eingesetzt. Dieser große Plan stammt von Gott.

Der dritte Beweis wird von der Astrophysik gestützt. Die gesamte Materie in unserem Universum entstand aus dem Urknall[53], binnen des Bruchteils einer Sekunde. Es gibt somit ein Schöpfungsszenario für die Materie. Aber was war davor? Nach der einsteinschen Formel $e = mc^2$ kennen wir sogar den Umrechnungsmodus von Energie in Materie. Diese berechenbare Energie vor der Schöpfung der Materie im Urknall war somit gigantisch. Ist sie mit Gott gleichzusetzen? Ich glaube nicht, denn irgendeiner muss ja auch diese Energie geschaffen haben. Zuerst mussten wir uns den Beginn der Materie erklären, nun müssen wir uns den Beginn der Energie erklären. Der erste Beweger hat diese Energie geschaffen, damit sich aus ihr die Materie bildete. In der Zeit vor der Existenz der Energie sind wir bei Gott.

All dies durch Zufälle zu erklären ist unmöglich. Wo käme all diese Energie her? Man kann nicht einfach sagen, Energie war schon immer da. Nach dem Naturgesetz von der Erhaltung der Energie wird Energie in einem geschlossenen System, das das Universum ist, nur ineinander umgewandelt, sie entsteht nicht aus irgendeinem geheimnisvollen Prozess und nimmt nicht ab – am Schluss geht alles in Wärme über, das Universum stirbt den Wärmetod[54]. Es gibt eine Zeit vor der Existenz dieser Energie, und damit ist man bei Gott.

Insofern würde ich den dritten Gottesbeweis umformulieren. Gott ist der Schöpfer der Energie, die die Materie zum Existieren brachte.

Diese Gottesbeweise von Aristoteles und Thomas von Aquin sind also durchaus einleuchtend.

Doch wir brauchen gar nicht so weit zu gehen. Wir brauchen nur auf unsere Kinder zu blicken, die mit ihrem feinen, ehrlichen Wesen Hinweise auf Gott geben. Ein Kind ist mit Sicherheit kein unbeschriebenes Blatt, wenn es geboren wird. Kinder sind offen, in ihren Gesichtern kann man ablesen, was sie denken und sie haben sehr viel Mitgefühl, haben ein sehr feines Gerechtigkeitsempfinden. Wenn ein Kind ein Geschenk bekommt, und ein anderes bekommt das gleiche Geschenk, jedoch mit einer abschätzigen Bemerkung, »dass du halt auch etwas bekommst«, so empfinden die Kinder sehr genau diesen Unterschied. Die Liebe zur Natur, zum Spiel, das Leben in der Gegenwart – Kinder machen keine großen Zukunftspläne -, Streit ist schnell vergessen, die Unbeschwertheit, mit der sie sich Neuem nähern – dies alles ist etwas, durch das wir wieder den Blick auf das Wesentliche bekommen können: Nichts nachtragen, sich nicht zu viel Sorgen machen, im Hier und Jetzt leben. Bei Kindern, so postuliere ich es, scheint die Seele noch durch, ist sie noch nicht zu weit im Hintergrund durch Unehrlichkeit, dem Nachjagen nach den falschen Götzen wie Geld, Anerkennung, etc.. Die Seele ist noch nicht getrübt, es besteht noch eine enge Verbindung von ihr zu Gott. Später, wenn das Ich durch die Einflüsse von außen den Blick auf die Seele verliert, sehen wir nicht mehr diese enge Verbindung. Unsere Verbindung zu Gott wird schwächer.

Aber vielleicht gehört dies auch zu der Entscheidung, die wir auf Erden treffen sollen, Gott zu suchen. Gott ist immer für uns da, weil er uns liebt, aber suchen müssen wir ihn schon selber.

Anleitung zum Glücklichsein

Wir wollen glücklich sein – es ist jedem zu wünschen. Unser ganzes Leben ist auch ein Streben nach Glück – doch wie werden wir glücklich? Hierzu möchte ich mit Ihnen ein Experiment machen – sie sollten erforschen, wann sie wirklich glücklich waren: Sie sollten sich drei Erlebnisse ins Gedächtnis rufen, bei denen sie wirklich glücklich und zufrieden waren. Wenn sie dies getan haben, empfehle ich Ihnen, dies zu vertiefen, d. h. nach Büchern oder Leuten Ausschau halten, die ihre Anschauung teilen, aber viel weiter sind als sie.

Wenn wir uns besinnen, wann wir so richtig glücklich waren, so hat es garantiert nichts mit materiellen Dingen oder mit Lust zu tun. Es hatte stets etwas zu tun mit einer Aufgabe, die wir übernommen haben, und bei der wir etwas für jemanden getan haben, für Kinder, einen Fremden, jemanden, der hilflos war und Schutz brauchte. Getan haben wir es uneigennützig – ohne etwas zu erwarten.

Oder wir haben – ohne Vorleistung – etwas geschenkt bekommen, Liebe, Zuneigung, die wir nicht erwarten konnten, oder wir haben ein tiefes, verbundenes Gespräch mit jemandem führen können, konnten vielleicht Trost und Hoffnung spenden.

Was folgert daraus?

Glück ist mit etwas anderem verbunden als Besitztum, Reichtum, es hat etwas zu tun mit Liebe, Uneigennützigkeit, Mut, aber auch mit Fleiß, Einsatz, Ausrichtung auf ein Ziel, für das es sich zu kämpfen oder sich einzusetzen lohnt. Dass Glück etwas mit »Arbeit« oder Disziplin zu tun hat, wussten bereits die alten Römer. Sie kannten den Spruch »Getane Arbeit ist Süß«, auf Latein: »Dulce est labora facta«.

Kranke oder Behinderte haben manchmal eine ganz besondere Ausstrahlung. Dies habe ich oft als Psychiater gespürt, wenn ich z. B. ein Wohnheim einer Behinderteneinrichtung besucht habe. Dort herrscht oft eine besondere, ehrliche Atmosphäre. Vielleicht kommt es davon, dass die Behinderten zumeist gar nicht in der Lage sind, sich so zu verstellen, wie wir es tun. Vonseiten des Personals muss man bedingungslos auf die Behinderten eingehen – es gibt kein Falsch, kein Lügen (Ausnahmen abgesehen), da man den Behinderten vorleben muss, was man von Ihnen erwartet. Auch versucht man immer im Guten auf die Behinderten einzuwirken – sie sind ja irgendwie wie Kinder, die Anlehnung und Zuspruch brauchen – und dann auch zufrieden sind. Paradebeispiel sind die Kinder mit Downsyndrom oder Trisomie 21[55]. Sie brauchen sehr viel Zuneigung – und geben viel Liebe zurück. Ich möchte schlicht und einfach sagen, dass ein ehrlicher Umgang miteinander eine besondere Atmosphäre schafft, Glück schafft.

Gerade im Umgang zum Kranken entsteht ein besonderer, ehrlicher Kontakt zum Menschen, und über diesen zu Gott.

Vielleicht hatte gerade deswegen bei den Ordensbrüdern der Kirche oder den Kreuzrittern die Pflege der Kranken und Bedürftigen einen hohen Stellenwert.

Zurück zum Glück: Es ist das natürlichste Bestreben des Menschen, danach zu streben. Somit würde ich erwarten, dass sich jemand hinsetzt,

Helma Megalli

Bücher wälzt, Leute befragt, die ähnliche Erfahrungen zum Glück wie er gemacht haben und die vielleicht viel weiter auf ihrem Weg sind oder waren als er.

Es gibt viele Philosophen, begonnen in der Antike, in Griechenland, die sich über das richtige Leben Gedanken gemacht haben. Wenn der Dienst am Nächsten wichtig für mein Glück ist, oder die Bedürfnislosigkeit, das Beschränken auf das Wesentliche, wie sie tibetische oder indische Yogis pflegen, so komme ich auch zum neuen Testament, in dem entsprechende Verhaltensregeln stehen. Nächstenliebe und Gottesliebe sind die Grundpfeiler für den christlichen Glauben, und wenn wir sie als wesentliche Faktoren für das persönliche Glück ausfindig gemacht haben, so entpuppt sich das Neue Testament quasi als eine Anleitung zum Glücklichsein auf Erden, die uns als Nebeneffekt auch in den Himmel kommen lässt.

Was ist das Besondere am Neuen Testament?

Es ist aus einem Guss geschrieben, umfasst die Lebensgeschichte Jesu und erklärt uns, wie wir in den Himmel kommen können. Es ist aber auch gleichzeitig eine Anleitung zu einem glücklichen und erfüllten Leben auf Erden. Genial ist, dass diese Anleitung nur in zwei Geboten zusammengefasst wird: Du sollst den Herrn, deinen Gott lieben, und du sollst deinen Nächsten lieben wie dich selbst.[56] Zwei Gebote kann man leicht im Kopf behalten und in dem Satz »deinen Nächsten lieben wie dich selbst« ist sehr viel Entscheidungsfreiheit enthalten. Man braucht sich nicht selbst verleugnen, soll einfach für sich genau so viel Gutes tun wie für den Nächsten.

Geniale Sätze stellen immer eine maximale Vereinfachung eines komplexen Zusammenhangs dar.

Dies sieht man an der einsteinschen Formel $e = mc^2$ oder an der Beschreibung von Jacobson[57], dem Erfinder der progressiven Muskelrelaxation, was Entspannung ist: Es ist die vollkommene Entspannung der Muskeln.

Haben wir nicht Glück erfahren, als wir selbstlos geliebt haben? Wollen wir nicht weiter Glück, Zufriedenheit, Liebe erfahren? Dann leben wir doch so, wie es z. B. das Neue Testament vorgibt.

Auch der Buddhismus, der, so möchte ich sagen, sich von einer anderen Seite dieser Wahrheit zum Glück nähert, gibt viele Anleitungen zum Glücklichsein. Es gibt hier keinen Gott, aber eine persönliche Weiterentwicklung und irgendwann sind wir im Nirwana an der obersten Stufe. Auch im Buddhismus geht es um die Überwindung der Begierden, damit um die Überwindung des Leids und um das Mitgefühl für den Nächsten.

Es gibt zwei Wege zum Glücklichsein: Der eine ist der westliche Zugang mit dem Neuen Testament, das andere ist der östliche oder asiatische mit dem Buddhismus. Der westliche Weg geht über den Nächsten, d. h. die Liebe zum Nächsten, so ist ja auch das Kreuz der orthodoxen Kirche zu verstehen, der aufstrebende Querbalken, der den Zugang zu Gott über den Nächsten meint.

Aber auch die westliche Kirche kennt einen Zugang zu Gott über das Gebet, kennt die Askese. Aus diesem Grunde wurden die Mönchsorden gegründet. Der östliche Weg führt über Askese und Meditation zu einer Reinigung, zu immer höheren Stufen und nach etlichen Wiedergeburten ins Nirwana.

Auch in der Medizin gibt es einen westlichen und einen östlichen Weg – unsere moderne Gerätemedizin und die traditionelle chinesische Medizin. Beide sind die zwei Seiten einer Medaille, beide behandeln die Krankheiten, allerdings mit einem unterschiedlichen Zugang. Beide haben ihre Stärken und ergänzen sich.

Die traditionelle chinesische Medizin erfasst den Menschen als Ganzes, die Psyche beeinflusst die Organe, die Organe die Psyche, eine Psychosomatik, die wir im Westen erst seit ca. 40 Jahre kennen, damals wurde z. B. der Lehrstuhl für Psychosomatik an der Ludwig-Maximilians-Universität in München gegründet, wurde bereits vor 5000 Jahren in der traditionellen chinesischen Medizin angenommen. Qi, die Lebenskraft, fließt durch den Körper, und die ersten Zeichen einer Erkrankung zeigen sich in einem gestörten Energiefluss. Dies ist der frühestmögliche Zeitpunkt einer Behandlung. Im Westen behandeln wir erst, wenn sich körperliche Auswirkungen zeigen, d. h. zumeist strukturelle Schäden vorhanden sind.

Die westliche Medizin kommt von der naturwissenschaftlichen Seite und hat ihre Domäne in der Chirurgie und Anästhesie. Man glaubt, alles über den Körper erklären zu können, über Viren oder Bakterien, und steht dann doch vor Krankheits- und Heilungsverläufen, die ohne einen Einfluss der Psyche nicht zu erklären sind. Ich denke hier an Wundheilungsstörungen, Komplikationen, die erst bei Berücksichtigung der Psyche verständlich wurden. Oft handelte es sich hier um Patienten mit erheblichen psychischen und sozialen Problemen.

Die Friedfertigkeit, die Gläubigkeit, der Respekt vor allem Leben, der dem Buddhismus innewohnt, seine Demut und sein Mitgefühl für alles Lebende sind Eigenschaften, die wir auch in der Lehre Christi im Neuen Testament finden. Die Lehre Christi gipfelt in der Bergpredigt, in der es sogar heißt: »Liebet eure Feinde«[58]. Man könnte diese beiden Religionen auf den beiden Seiten einer Medaille auftragen – beide beschreiben, von unterschiedlichen Standpunkten aus, wie wir in den Himmel, das Nirwana, in die andere Welt gelangen können, wie wir uns auf diesem Weg auf Erden verhalten müssen.

Heißt das bei der Feindesliebe nun wirklich, dass man seine Waffen hinstrecken soll und sich abschlachten lassen soll? Nein – hier würde man gegen das Gebot der Eigenliebe und der Verantwortung gegenüber Schutzbefohlenen, Kindern, Frauen, Senioren, verstoßen. Ich denke, es geht hier um etwas anderes. Es geht darum, dass man immer und jederzeit zum Verzeihen bereit ist. Denn Böses gebiert Böses und vergiftet einen selber. Man soll positiv in die Welt hinausgehen und ein gutes Klima, ein gutes Karma schaffen, erst einmal das Gute im Nächsten zu sehen. Wie oft sehen wir im Nächsten zuerst das Schlechte und müssen uns dann korrigieren? Liebe steckt an.

Heißt es nicht auch, so, wie man in den Wald hineinschreit, schallt es zurück? Der positive Zugang auf den anderen ist wichtig.

Ein konkretes Beispiel über die Wichtigkeit des Verzeihens findet sich in den Erfahrungen einer europäischen Familie in unserer Zeit, die auszog, um in Westpapua im Urwald Indonesiens zu leben. Die Tochter dieses Sprachforschers, Sabine Kügler, schrieb, nachdem sie wieder in Europa waren, ein Buch[59]. Ein Bericht stand auch in Peter Moosleitners Magazin »P. M.[60]«.

In diesem Urwald lebten vier Eingeborenenstämme, die alle untereinander verfeindet waren. Warum man verfeindet war, wusste man gar nicht mehr, aber aufgrund des Gesetzes der Blutrache waren die Stämme im Kreislauf eines ewigen Tötens miteinander verstrickt. Vater Kügler lud nun regelmäßig die Häuptlinge dieser vier Stämme zu einem Essen in seiner Hütte ein. Er wollte die Stämme aussöhnen. Anfangs herrschte eisige Stille, es sagte keiner etwas. Mit der Zeit lockerte sich die Atmosphäre auf und es wurde auch einmal über einen Witz gelacht. Dann geschah der entscheidende Schritt: Einer der Häuptlinge verzichtete gegenüber dem anderen auf die Blutrache. Ich kann mich gut an das Bild erinnern, auf dem beide Häuptlinge abgebildet waren und sich die Hand zur Versöhnung reichten. Sie schienen beide erleichtert zu sein. Später verzichteten auch die anderen Häuptlinge gegenseitig auf die Blutrache. Nach Einschätzung des Familienvaters hätten sich die Stämme langsam aber sicher gegenseitig aufgerieben. Hier sieht man, wie wichtig Feindesliebe und Verzeihen sind. Verzeihen bedeutet, nichts Negatives mitzuschleppen, stets bereit zu sein, einen Konflikt zu beenden. Es heißt, Mitgefühl mit dem anderen zu haben, was uns ermöglicht, auf ihn zuzugehen.

Zu dieser Thematik gehört auch die Theorie, dass wir alle miteinander verbunden sind, und dass das, was wir dem anderen antun, eigentlich uns selber antun. So heißt es zumindest im Buddhismus. Klingt eigentlich ganz gut, aber ist es wirklich so?

Zumindest, wenn wir einem Böse gesinnt sind, häufen wir schlechtes Karma, oder sagen wir, schlechte Energie an. Unsere Gedanken kreisen um Schlechtes oder Böses, werden finster, und können sich nicht mehr an der Leichtigkeit des Guten, des Schönen, dem Licht erfreuen. Insofern schaden wir uns selber, da wir das Potenzial für Freude mindern oder verlieren.

Es ist besser, im Guten in die Welt hinauszugehen und einmal enttäuscht zu werden, als ständig schlechte Energie anzuhäufen, im Nächsten nur den Feind zu sehen und innerlich zu vereinsamen.

Gibt es eine Seele?
Was sagt die Medizin?

Diese Frage kann man nicht einfach mit »Ja« beantworten, es gibt aber medizinische Lehren, bei denen man von einer Behandlung der Seele ausgeht. Der Glaube an eine Seele ist somit Grundvoraussetzung dieser Lehre und Therapie. Der Homöopath[61] muss an die Seele glauben, denn er behandelt mit Stoffen, hoch verdünnten Wirkstoffen, die auf die Seele wirken sollen. Wie kann er behandeln, wenn er nicht an die Seele glaubt?

Auch Bachblüten[62] behandeln die Seele.

Hier fällt mir die Geschichte von einem jungen Mann ein, der erzählte, die Mutter habe ihn und den Bruder aufgrund einer psychischen Erkrankung ab dem elften Lebensjahr immer wieder verlassen. Sie seien morgens aufgewacht, und hätten nicht gewusst, ob die Mutter da sei oder nicht. Ein solches Verhalten stellt eine massive Verunsicherung der Familienmitglieder dar. Der Vater habe aber die Mutter immer wieder bei sich aufgenommen. Es hieß, der Vater, Mitte 50, sei wegen psychischer Probleme in Rente. Dann hieß es, er habe eine künstliche Hüfte bekommen. Dies alles klang noch ziemlich unauffällig. Dann hieß es jedoch, dass diese Hüfte immer eitere und nicht einheile. Das ist genau das, was ich meine: Schwere psychische Traumata führen zu Erschütterungen der Seele, diese zu Behandlungsverläufen, bei denen eine Komplikation die nächste jagt. Es ist die Seele verletzt, und genau deswegen können die Heilmethoden der westlichen Medizin nicht greifen, weil diese nicht die Seele behandeln. Deswegen konnte in diesem Fall die Hüfte nicht einheilen.

Eine kranke Seele bewirkt eine Erkrankung des ganzen Körpers. Krankheiten, die von der Seele ausgehen, können nicht auf der Körperebene geheilt werden, da das krankmachende Agens in der Seele sich immer eine neue Schwachstelle des Körpers, Austrittsstelle sucht. Es muss somit zuerst die tiefste Schicht, die Seele geheilt werden, erst dann kann man sich der oberflächlichen Schicht, dem Körper, zuwenden. Dann heilen dessen Wunden »wie von selbst«. Dies klingt zwar alles fantastisch, aber in der Medizin gibt es immer wieder ganz schwierige, langwierige Krankheitsverläufe, bei denen   sich nichts nach vorne bewegt. Fragt man tiefer, so sind es Menschen, die eine tiefe Kränkung erlitten haben, die sie nicht verarbeitet haben. Depressionen sind eine wahre Brutstätte für Erkrankungen, die man sich nicht so einfach körperlich erklären kann. In der Medizin spricht man dann von Schwindel, unklaren, wechselnden Gefühlsstörungen, chronischen Schmerzsyndromen, wie z. B. Fibromyalgie. Hier haben die Patienten überall Muskelschmerzen. Jede Berührung tut weh. Vielleicht heißt auch die Botschaft: »Lang mich nicht an! Lass mich in Ruhe.«

Dieses Krankheitskonzept, wonach ich zuerst das schädigende Agens behandeln muss, ich quasi die Krankheit zurückverfolgen muss, ist das Konzept der traditionellen chinesischen Medizin. Es nutzt nichts, die Symptome zu behandeln, die letztendlich nur ein Versuch des Körpers sind, mit der Krankheit fertig zu werden. Ich kann mich noch gut an den Vortrag eines Dozenten[63] erinnern. Er hatte ein Lungenemphysem gehabt. Die westliche Medizin war machtlos. Das Schlucken tat ihm weh. Er musste sich jedes Mal überlegen, ob er nun schlucken wollte,

»Geben wir der Seele ein schönes Zuhause.«

Johanna Brucker

da es sehr schmerzhaft war. Er hat sich dann mit der traditionellen chinesischen Medizin beschäftigt, und sich nach diesem Konzept selbst behandelt. Die Krankheit entwickelte sich nach hinten, d. h., er lebte alles noch einmal durch, vom jetzigen Stand bis zum Beginn der Erkrankung. Diesen Prozess konnte er nur mit den Heilmethoden der traditionellen chinesischen Medizin bewerkstelligen. Am Schluss war er an der Stelle angelangt, an der sich durch das krankmachende Agens die Krankheit entwickelt hatte, der Körper durch eine falsche Reaktion das krankmachende Agens in sich hineingelassen hatte, anstatt es zu vernichten. Durch die Heilpflanzen wurde der Körper nun zur richtigen Reaktion geleitet. Das krankmachende Agens wurde vernichtet, abgewehrt, was sich in einer fiebrigen Reaktion zeigte. Danach war der Dozent geheilt.

Genau so ist es mit den Erkrankungen, die primär die Seele betreffen. Hier hilft es nicht, auf der körperlichen Ebene herumzudoktern – es muss die Seele behandelt werden – ansonsten kommt es nur zur Symptomverschiebung: Krankheitssymptome vergehen und neue scheinen auf – die Grunderkrankung sucht sich einfach ein neues Ventil.

Medizinmänner von Naturvölkern sind uns da voraus. Sie kennen Methoden, um die Seele zu behandeln. Auch der griechische Arzt Hippokrates (460–377 v. Chr.)[64] nahm an, dass es Krankheiten gebe, die von der Seele ausgingen.[65] Weiterhin sollte der Arzt die Kraft des Geistes einsetzen, um Krankheiten zu heilen.

Er sagte: »Es ist vernünftig, von einem Arzt zu erwarten, dass er vor der Macht des Geistes, Krankheiten zu überwinden, Achtung hat.«[66]

Krankheiten sind für Hippokrates auch keine Schicksalsschläge, die uns unverhofft treffen.

»Krankheiten überfallen den Menschen nicht wie ein Blitz aus heiterem Himmel, sondern sind die Folgen fortgesetzter Sünden wider die Natur.«[67]

Natürlich gilt dies nicht für einen Verkehrsunfall oder eine sonstige Verletzung, aber nachdenkenswert ist dieser Spruch allemal.

Es gibt viele Erkrankungen in der Medizin, bei denen man zwar eine Diagnose stellen kann, so z. B. beim M. Crohn oder der Colitis ulcerosa, entzündliche Darmerkrankungen, die Ursache der Erkrankung jedoch unklar ist. Irgendwie spielt das Immunsystem verrückt, greift es körpereigene Zellen an. Dies ist auch bei der Multiplen Sklerose der Fall, einer Nervenerkrankung, bei der Nervenfasern angegriffen werden. Die Ursache dieser Erkrankungen ist unklar, Umwelteinflüsse und unser Lebensstil sind von Bedeutung.

Verletzungen der Seele, so ist meine Behauptung, können zu chronischen Erkrankungen führen. Hierzu gehören auf jeden Fall die chronischen Schmerzerkrankungen. Schmerz kann eine Flucht in ein Niemandsland sein, in dem man das Gesetz des Handelns anderen überlässt, man sitzt auf seiner Insel und wartet, was da kommt, am besten gar nichts, deswegen sitzt man ja auf der Insel. Man hat verlernt, sich zu wehren, eine Initiative zu ergreifen.

Da muss man krank werden. Immer wieder habe ich bei meinen Behandlungen erlebt, dass der Rückzug in die Passivität Depressionen oder Schmerzsyndrome verschlechterte, die Patienten aber, wenn sie sich zu einer Lösung aufrafften, die Depression überwinden konnten.

Wie sagte der Arzt Edward Bach (1886–1936)[68], der Erfinder der Bachblütentherapie: »Was wir als Krankheit kennen, ist die letzte Phase einer viel tiefer liegenden Störung der Ordnung, und um einen völligen Heilungserfolg sicherzustellen, wird also die Behandlung des Endergebnisses allein nicht ausreichen, solange nicht auch die grundlegende Störung beseitigt ist.«[69]

Von Edward Bach, der in England lebte, behauptete man, dass er die Seele sehen konnte. Er hatte auch Vorahnungen, wenn irgendwo Menschen in Not waren.

Einmal war nach einem Sturm ein fast ertrunkener Mann am Strand gelegen.

Es lief eine Reanimation. Die Männer wollten schon aufhören, als Bach sie bestärkte, weiterzumachen, da er sehen konnte, dass die Seele zwar dabei war, den Körper zu verlassen, aber hierbei noch unschlüssig war. Bach konnte die Seele sehen. Er ermunterte die Männer, die Reanimation fortzusetzen. Er erlaubte erst das Beenden der Wiederbelebungsmaßnahmen, als er erkannte, dass die Seele den Körper verlassen wollte.[70]

Homöopathie[71]

Homöopathie heilt mit Verdünnungen. Manche sind so verdünnt, dass kein Molekül mehr von dem Stoff im Wasser enthalten ist. Die Konstitutionsmittel in der Homöopathie sind Stoffe, die am besten so erklärt werden können, dass sie auf die Seele wirken, diese heilen. Somit muss der Homöopath an eine Seele glauben. Nachdem die Homöopathie seit ihrem Erfinder Hahnemann[72] einen wahren Siegeszug um die Welt gemacht hat, insbesondere die hohen Potenzen, in denen kein Molekül des Stoffes mehr nachweisbar ist, muss man sich Gedanken über deren Wirkungsweise machen. Mit der westlichen Medizin ist dieser Behandlungsansatz nicht zu erfassen. Es muss also noch mehr zwischen Himmel und Erde geben, von dem wir nichts wissen.

Für den Homöopathen ist somit ein Glaube an eine Seele Grundvoraussetzung.

Die traditionelle chinesische Medizin glaubt an eine nichtstoffliche Energie, die Lebensenergie, das Qi. Diese wird zu Beginn einer Erkrankung in ihrem Fluss beeinträchtigt, später treten körperliche Symptome auf. Auch die Chinesen glauben an eine Seele. Diese löst sich nach dem Tod vom Körper und kehrt in die Erde zurück.

Für einen Therapeuten nach der chinesischen traditionellen Medizin ist somit der Glaube an die Lebensenergie, das Qi, Grundvoraussetzung. Nach meiner Einschätzung ist dies jedoch kein Glaube, sondern eine Feststellung aufgrund einer exakten Bobachtung. Es ist eher ein Glaube, zu glauben, dass es diese Lebensenergie nicht gibt.

Geistheiler

Interessant sind die Geistheiler. Ich erinnere mich an eine Dokumentation im ZDF, in der ein Orthopäde eine Geistheilerin angestellt hatte, da dadurch seine Heilungserfolge besser waren.[73] Orthopäden arbeiten mit Bildern, Röntgen, Kernspintomografien, Computertomografien, sind bildlich orientiert und haben keinen Grund »an eine Seele oder wundersame Heilungen zu glauben.« Für sie zählt das Bild. Sich einen Geistheiler anzustellen fällt für einen Orthopäden schon aus dem Rahmen. Es wurde ein Röntgenbild einer krankhaft veränderten Lendenwirbelsäule gezeigt. Die Frau, die diese hatte, sagte, es gehe ihr nach der Behandlung durch die Geistheilerin besser. Das Röntgenbild war nach der Geistheilung unverändert – aber der Patient sagte, es gehe ihm deutlich besser. Es hat sich die Schmerzverarbeitung verändert – wie kann man sich das erklären?

Eine Theorie wäre Folgende:

Es gibt eine Interaktion zwischen Seele und Körper. Stark verletzende Erlebnisse bringen die Seele aus dem Gleichgewicht und lassen sie erkranken. Hier erinnere ich an den Vater des Patienten, dessen Hüfte nicht einheilte. Auch eine andere Lebensgeschichte kann ich einbringen. Ein Patient erkrankte immer wieder an Krebs. Seine Mutter war starke Alkoholikerin gewesen. Er entwickelte die verrücktesten Tumore, sogar einen Brustkrebs als Mann.

Man könnte es sich so erklären: Eine kranke Seele führt zu Erkrankungen des Körpers. Dies sind Erkrankungen, die dann auf der körperlichen Ebene nicht mehr geheilt werden können. Man kann es vergleichen mit einem Eiterherd im Körper, der immer wieder durch die Haut durchbricht, auch wenn diese mal zugeheilt war. Es bedarf einer Grundsanierung, ansonsten ist alles vergebens. Der Eiterherd muss entfernt werden. Bei der Geistheilung kann sich möglicherweise die »kranke Seele« ein Abbild von der gesunden Seele machen, wie es eigentlich sein sollte. Die Seele weiß somit, wie sie sein muss. Wenn der Seele dieser Abbildungsprozess gelingt, kann die Reinigung losgehen, wird der Patient geheilt. Alternativ wären Energieübertragungen vom Therapeuten auf den Patienten vorstellbar oder eine besondere Stimulierung der Selbstheilungskräfte.

Sicherlich gehören auch die Psychiatrie und Psychotherapie in das Behandlungsspektrum für die Seele. In der Psychiatrie weiß man, dass die reine Zuwendung zu einem Patienten so effektiv ist wie die medikamentöse Therapie. Es wurde das Ansprechen verschiedener Therapien acht Wochen nach Behandlungsbeginn untersucht. Bei Placebos oder

Scheinmedikamenten waren 25 % der Patienten gebessert, bei kogni-
tiver Verhaltenstherapie 43 % und bei Psychopharmakatherapie 50 %.[74]
Luborsky[75], ein Psychoanalytiker, spricht von der hilfreichen Beziehung.
Dem Patienten wird ein Gefühl von Verständnis und Akzeptanz vermit-
telt, der Therapeut entwickelt Sympathie für den Patienten. Die Liebe
des Therapeuten zum Patienten, der sich vielleicht zum ersten Mal so,
wie er ist, geliebt empfindet, heilt.

Wunderheilungen, die es in der Medizin gibt, die in Wallfahrtsorten auf-
gezeichnet werden und von einem strengen Gremium geprüft worden
sind, gehören sicherlich auch in diesen Bereich.

An dieser Stelle möchte ich über den Film »Am Anfang war das Licht«[76]
des österreichischen Regisseurs P. A. Straubinger sprechen.

In diesem Film geht es darum, ob es tatsächlich Menschen gibt, die leben
können, ohne etwas zu trinken oder zu essen – gleichsam nur vom Licht
leben. Zu Beginn wurde ein Buch vorgestellt, in dem dies behauptet
wurde. Eine Anleitung hierzu wurde in diesem Buch gegeben. Es wurden nun Todesfälle gezeigt, die bei diesem Vorhaben gestorben waren.

Die Frage war nun, ob dies tatsächlich möglich sei. Ein Student, der es
versuchte und ständig gefilmt wurde, scheiterte nach vier Tagen kläg-
lich. Mediziner wurden befragt, sie konnten es sich nicht vorstellen,
dass es so etwas gäbe. Die Nieren würden versagen, der Mensch würde
unweigerlich sterben. Auf der Suche nach der Antwort reiste der Autor
um die halbe Welt, nach Indien, nach Sibirien, in die Vereinigten Staaten, um Antworten zu finden.

Auf der Suche nach der Antwort machte der Autor einen Guru in
Indien ausfindig, der seit dem neunten Lebensjahr, als er eine Erschei-
nung von drei heiligen Frauen hatte, nichts mehr esse. Wenn er etwas

esse, so werde ihm schlecht. Dieser Mann war ein schmächtiger, älterer, unscheinbarer und einfacher Mann, mit guter Ausstrahlung und wachem Blick. Er war bereit, sich in einer neurologischen Klinik in Indien untersuchen und für einige Tage beobachten zu lassen, um zu beweisen, dass er wirklich ohne essen und trinken auskäme. Die einzige Bedingung war: Es durften keine invasiven Maßnahmen (also Maßnahmen, bei denen man den Körper verletzen konnte) vorgenommen werden. Eine Überwachungskamera wurde in seinem Zimmer installiert. Es erfolgte eine Überwachung über den ganzen Tag. Blutentnahmen und Ultraschalluntersuchungen wurden durchgeführt. Die Ärzte waren sehr skeptisch.

Dieser Yogi musste sich nun ständig in einem Zimmer aufhalten. Mit Ultraschall wurde die Füllung der Blase gemessen – mal war sie voll, dann wieder leer, ohne dass er auf die Toilette gegangen wäre. Gegessen und getrunken hat er während dieser Zeit nichts. Nach dem Ende der Beobachtung, die einige Tage gedauert hatte, wurde der Leiter, ein Professor der Neurologie, zu dem, was bei dem Yogi abgelaufen ist und was er davon halte, befragt. Er war fassungslos. Er sagte, wenn es so ist, wie sie es beobachtet haben, dass es Menschen gibt, die keine Nahrung und keine Flüssigkeit mehr zu sich nehmen müssen, bei denen mal die Blase leer, dann wieder voll wäre, so müsse man die ganze Medizin umschreiben.

In diesem Film ist ein anderer Yogi, der auch nichts esse und trinke, ans Wiener AKH zu freiwilligen Untersuchungen eingeladen worden. Er war von untersetzter Statur. Anfangs äußerten sich die Ärzte sehr skeptisch, man würde den Trick schon herausbekommen. Am Schluss bestanden nur eine Ratlosigkeit und eine Verwunderung darüber, wie der Yogi, der sogar von untersetzter Statur war, dies schaffen konnte. Die reine Ablehnung war einer Haltung gewichen, die es offen ließ, dass dies möglich war.

Von einer weiteren Probandin, die nichts aß und trank, wurde in dem Film erzählt. Von ihr wurde eine Kirlianfotografie[77] erstellt. Sie hatte ein perfektes energetisches Bild. Bei der Kirlianfotografie wird aufgrund eines Fingerabdrucks ein energetisches Bild des Körpers hergestellt. Ist es perfekt, so entsteht ein Kreis, d. h., die Aura schützt komplett den Körper. Bestehen Lücken, so bedeutet dies ein energetisches Defizit. Diese Lücken können dann Eintrittsstellen für schädliche und krankhafte Energien sein.

Heilung im Licht

Viele Leute, die bei ihrer außerkörperlichen Erfahrung »im Licht« waren, haben eine Heilung erfahren. Ein Zuhörer meiner Vorträge erzählte mir, er habe sofort nach dem Erwachen aus dem Koma damit begonnen, seine Erlebnisse auf dem Laptop aufzuschreiben. Als er seine Rehamaßnahme nach dem Krankenhausaufenthalt antrat, habe der aufnehmende Arzt kaum glauben können, dass er der Patient sei – so gut sei er beieinander gewesen.

Sartori e. a.[78] beschreiben einen 60-jährigen Patienten, der ein intensives Nahtoderlebnis hatte und danach die Heilung einer seit der Kindheit bestehenden spastischen Halbseitenlähmung rechts erfuhr. Eine solche Lähmung geht immer mit Kontrakturen einher. Der Patient hatte auf der rechten Seite eine Krallhand, d. h. es zog ihm die Finger so stark nach innen, dass er die Faust nicht mehr öffnen konnte, weiterhin zog er beim Gehen den rechten Fuß nach innen.

Sofort nach der Reanimation befragte Frau Sartori den Patienten, was er erlebt habe. Beiläufig bemerkte er beim Erzählen, dass er nun seine rechte Hand öffnen konnte. Später stellte sich heraus, dass sich auch das spastische Gangbild normalisiert hatte.

Anita Moorjani[79] hat ihren Lymphdrüsenkrebs nach einem Nahtoderlebnis besiegt. Entscheidend sei gewesen, dass sie erkannte, dass sie sich so annehmen musste, wie sie war. Eigenliebe ist notwendig, damit wir unsere Stärken entfalten können, wir müssen uns mögen und zu uns stehen. Dies ist kein Egoismus – Gott hat uns so geschaffen, dass wir unsere Aufgabe am besten erfüllen können.

Davon abzugrenzen ist natürlich die krankhafte Eigenliebe, bei der sich alles um das eigene Selbst dreht und der andere kaum mehr wahrgenommen wird.

Wie kann man sich diese »Wunder« erklären? Es ist unmöglich.

Es scheint jedoch Kräfte in unserem Körper zu geben, von denen wir keine Vorstellung haben.

Unser Gehirn – Sitz der Seele – oder nur ein Empfänger?

Wenn man sich überlegt, was unser Gehirn alles wissen muss, angefangen von der Erhaltung der Körperfunktionen, Temperatur, Atmung, Herzschlag, bis hin zur Sprache, zu Emotionen, Wissen um die Erziehung der Kinder, die Fortpflanzung, so kommt man nicht umhin, beeindruckt zu sein. Viel interessanter wird es jedoch, wenn man sich das Gehirn z. B. eines Vogels anschaut. Es wiegt nur ein paar Gramm, trotzdem ist auch dort alles hinterlegt, damit der Vogel überleben kann, die Regelung des Blutdrucks, der Atmung, des Herzschlages, der Verdauung. Der Vogel weiß, was er fressen muss, kennt sich im Balzverhalten und in Brutpflege aus – und er weiß zu fliegen, viel eleganter als unsere Flugzeuge, mit unheimlicher Wendigkeit. Für das Flugverhalten brauchen wir riesige Computer, er nur sein kleines Gehirn. Nehmen wir eine Libelle oder eine Eintagsfliege. Kann man sich vorstellen, dass dies alles in einem so kleinen Gehirn angelegt ist? Oder ist das Gehirn vielleicht nur ein Empfänger, der nur aufnimmt, was ihm zugetragen wird, so wie ein Radioempfänger? Die Antwort muss sich jeder selber geben.

Was braucht die Seele?

Der Mensch besteht nicht nur aus Körper und Verstand. Wie kann man das behaupten? Weil wir nicht glücklich sind, wenn wir nur den Körper und den Geist befriedigen, d. h. Erfolg im Beruf haben, einen klaren Verstand haben. Der Mensch braucht mehr. Im Neuen Testament heißt es: »Der Mensch lebt nicht nur vom Brot allein, sondern von jedem Wort, das aus dem Munde Gottes kommt«.[80] Es gibt somit noch eine weitere Entität, für die gesorgt werden muss, die uns zufrieden sein lässt, wenn es ihr gut geht. Dieser Entität gefällt es, wenn wir zur Ruhe kommen, beten, Gutes tun. Dann ist diese Entität zufrieden, sind wir zufrieden. Die Mystiker aus dem Mittelalter, so Meister Eckhart, sagen, dass wir Gott in uns finden können – in der Seele. Die Seele stamme von Gott, er schuf sie nach seinem Ebenbild – und sie gehe auch wieder heim zu ihm.

Die Seele braucht, dass wir Gutes tun.

Jede Religion kann man als Verhaltenskodex bezeichnen, der uns sagt, wie wir uns verhalten sollen, damit es uns, d. h. vor allem unserer Seele, gut geht.

Glück bedeutet, dass unsere Seele glücklich ist, dass wir Gutes tun, und unserer Aufgabe auf Erden, Gutes zu tun, nachkommen.

Unsere Aufgabe auf Erden

Viele Schriftsteller haben sich Gedanken gemacht, was denn nun unsere Aufgabe auf Erden ist, so auch Leo Tolstoj. In seinem Roman »Krieg und Frieden«[81] unterhält sich Pierre, der eher einfach strukturiert ist, dem im Leben nicht so alles gelingt, der aber Glück hat, mit Fürst Bolkonski, der ein hochrangiger Offizier und von scharfem Verstand ist, über den Sinn des Lebens.

Pierre könnte man als »Bauchmenschen« bezeichnen, der eher aus dem Gefühl urteilt, Bolkonski als den intellektuellen Menschen, der schnell die Zusammenhänge erfasst und die richtigen Entscheidungen trifft. Die passende Erklärung gibt jedoch nicht der intellektuelle Bolkonski, sondern Pierre, mit seinem tiefen Gottverständnis:

»Sie gelangten zu dem über die Ufer getretenen Fluss, den sie auf einer Fähre übersetzen mussten. Die Wagen und die Pferde wurden auf die Fähre gebracht und dort zurechtgestellt, und sie selbst gingen ebenfalls auf die Fähre.

Auf das Geländer gestützt, blickte Fürst Andrej schweigend über die weite Fläche des Wassers hin, die in den Strahlen der untergetauchten Sonne blitzte.«[82]

In dieser Situation entwickelten sie ihre philosophischen Gedanken.

»Manchmal scheinen wir nicht nur langsam voranzukommen.«

Johanna Brucker

»Wenn es einen Gott und ein zukünftiges Leben gibt«, sagte Pierre, »so gibt es auch Wahrheit und Tugend; und das höchste Gut des Menschen besteht in dem Streben, die Wahrheit und die Tugend zu erreichen. Wir müssen leben, wir müssen lieben, wir müssen glauben, dass wir nicht nur heute auf diesem Stückchen Erde leben, sondern immer gelebt haben und ewig leben werden, dort, im All« (er wies in den Himmel).«[83]

Was heißt »leben«? Leben heißt, dass wir Erfahrungen machen sollen, die wir nur mit unserem Körper machen können und dass wir den Freuden, den Bedürfnissen des Körpers, nachgeben dürfen, d. h. Gaumenfreuden, Erotik oder anderem Schönen.

»Lieben« ist unsere Aufgabe auf Erden, dies macht die Seele glücklich und deshalb sollten wir es im eigenen Interesse tun. Im »Lieben« reift die Seele, »Lieben« ist ihre ursprüngliche Bestimmung. Dies ist genau das, was auch im neuen Testament steht oder Bernard Jakoby erzählt.

»Glauben« ist die transzendentale Ausrichtung auf Gott. Von ihm kommen wir und zu ihm gehen wir zurück. Unsere Seele lebt ewig.

Wichtig ist, dass wir immer unsere Verbindung zu Gott halten, da es das ist, was unserer Seele guttut. Es ist unser Kompass im Leben.

Eine Unterbrechung der Verbindung zu Gott führt dazu, dass wir aus der Liebe fallen und damit ein Leben führen, das uns unglücklich macht. Man jagt einem Götzen nach, Geld, Sex, Alkohol, Anerkennung. Es ist doch verblüffend, dass Leute, denen es gut gehen müsste, die Ruhm und viel Geld haben, ich denke hier an Aristoteles Onassis[84], den superreichen Reeder aus Griechenland, nicht glücklich waren. Seine Tochter Tina Onassis[85] starb mit 38 Jahren, ihre Mutter beging Selbstmord, der Bruder kam mit 25 Jahren bei einem Flugzeugunglück ums Leben. Oder denkt man an die Kennedys in Amerika. John F. Kennedy[86] wurde als Präsident der Vereinigten Staaten erschossen, sein Bruder Robert als

Präsidentschaftskandidat, und der spätere Hoffnungsträger der Familie kam bei einem Flugzeugunglück ums Leben. Auch viele »sogenannte« Prominente, Schauspieler, scheinen nicht gerade vor Glück zu strotzen, an der Anzahl ihrer Affären und Ehen gemessen.

Im Neuen Testament heißt es: »Sammelt euch nicht Schätze hier auf der Erde, wo Motte und Wurm sie zerstören und wo Diebe einbrechen und sie stehlen, sondern sammelt euch Schätze im Himmel, wo weder Motte noch Wurm sie zerstören und keine Diebe einbrechen und sie stehlen.«[87]

Schätze im Himmel sollen wir anhäufen, das ist der Grund, warum wir hier sind. Was heißt das? Lieben, Gutes tun – es macht uns bereits auf Erden glücklich.

Warum haben wir einen Körper? Mit einem Körper können wir ganz andere Erfahrungen machen als z. B. als Geistwesen. Als Geistwesen gibt es keinen Hunger, Durst, keine Angst um das eigene Leben. Mit unserem Körper können wir Erfahrungen machen, die wir als »Geist« niemals machen könnten. Wir müssen für unseren Körper sorgen, er braucht Pflege, hat manchmal Schmerzen, hat Angst. Wir können uns in einer Aufgabe für jemanden aufopfern oder auf eigene Bedürfnisse verzichten. Das Alter gewinnt in dieser Betrachtungsweise eine neue Dimension. In der Gebrechlichkeit des Alters haben wir Zeit, Demut zu üben, dankbar zu sein, haben wir viel Zeit, über uns und unser Leben nachzudenken. Wir bereiten uns quasi auf das jenseitige Leben vor.

Wie formuliert es Edward Bach?

»Man kann gar nicht klar genug sagen, dass jede Seele zu dem spezifischen Zweck hier auf Erden verkörpert ist, Erfahrungen und Verständnis zu gewinnen und ihre Persönlichkeit nach dem Maßstab der ihr innenwohnenden Ideale zu vervollkommnen...Jedermann soll wissen, dass seine Seele eine bestimmte Aufgabe für ihn vorgesehen hat, und solange er diese Aufgabe nicht erfüllt – auch wenn ihm dies gar nicht bewusst ist –, wird er unausweichliche einen Konflikt zwischen seiner Seele und Persönlichkeit verursachen, der sich dann notwendigerweise in Gestalt körperlicher Störungen niederschlägt.«[88]

Ich denke, dass unser Lebensweg gefügt wird, dass es mehrere Chancen gibt, das Richtige zu tun, d. h. das, was Gott von uns will, weil es zu unserem Plan auf Erden gehört. Schlimm wird es, wenn wir dies nicht tun, weil wir uns dann »verrennen« und Götzen Platz geben, Gier und Sucht, sei es nun Sexsucht, Spielsucht, Trunksucht, Habsucht oder eine sonstige Verblendung. Am Schluss seines Lebens wird man dann feststellen, dass man noch so vieles hätte machen können – man noch viel mehr lieben hätte können. Aber Gott wird uns verzeihen und die Entwicklung geht im Jenseits ja weiter!

Die Ausführungen Pierres über den Sinn des Lebens könnte man vereinfachen zu dem Satz:

Wir sind hier um zu leben, um zu lieben und um zu glauben.

Die Nahtoderlebnisse

Was erzählen uns Menschen, die schon einmal so krank gewesen sind, dass sie ihren Körper verlassen mussten? Gab es Konsequenzen für deren Leben?

Nach Bernard Jakoby haben diese Leute ihr Leben geändert. Partnerschaften gingen auseinander, weil eine zu große Diskrepanz in den Auffassungen bestand, was im Leben wichtig ist.

Was haben nun Menschen, die ich kenne, für Nahtoderlebnisse gehabt? Was haben sie mir erzählt?

Zuerst möchte ich sagen, dass diese Nahtoderlebnisse einem nicht »auf die Nase gebunden werden«. Diese Menschen haben erst einmal selbst dieses Erlebnis verarbeiten müssen. Der erste Gedanke war, vielleicht verrückt geworden zu sein, der zweite sicherlich, gibt es das wirklich, und der dritte: Wer wird mir das glauben? Dazu kommen dann die verschiedensten Erfahrungen, vom interessierten Zuhörer bis zum Besserwisser, der dies nur als »Fehlfunktion von Neuronen« abtut. Nachdem es sehr tief greifende Erfahrungen sind, die Patienten quasi »ihr Innerstes« öffnen, ist man natürlich tief verletzt, wenn man einem Anderen dies erzählt, damit er auch sein Leben danach ausrichten kann, und er diesen Vertrauensbeweis als »nicht glaubhaft« abtut. Von nun an wird nur noch erzählt, wenn man direkt darauf angesprochen wird, man dem anderen vertrauen kann. Man will ja nicht wieder verletzt werden.

Zu einer Psychotherapie nach einem schweren Verkehrsunfall oder einem anderen Erlebnis gehört es, dass man nach einem Nahtoderlebnis fragt. Die Patienten fühlen sich dann erleichtert, dass sie es erzählen können, dass sie ernst genommen werden. Sie erzählen gerne, weil sie auch andere an dem von Ihnen Erlebtem teilhaben lassen möchten, weil es wichtig ist, dass auch andere dies wissen, damit sie ihr Leben danach ausrichten und ändern können.

Die Gespräche mit dafür nicht sensibilisierten Zuhörern laufen leider oft für diese Patienten entmutigend.

Beginnen möchte ich zuerst damit, was andere über Nahtoderlebnisse aufgeschrieben haben, und zwar mit Einzelfallberichten.

Sehr interessant ist das Buch von Eben Alexander[89], einem Neurochirurgen, »Blick in die Ewigkeit«. Eben Alexander war klinisch tot, er hatte eine eitrige Meningitis. Nachdem er ein berühmter Neurochirurg war, viele wissenschaftliche Artikel veröffentliche hatte, ließ man in seiner Klinik, in der er gearbeitet hatte, nichts unversucht, ihm zu helfen. Mehrmals wurde binnen einer Woche eine Untersuchung seines Gehirns veranlasst. Es fand sich in seinem Großhirn keine messbare Funktion mehr – und doch erlebte er eine Reise in die Ewigkeit, in den Himmel, wie die Christen sagen würden, zu Gott. Nach seiner Heilung konnte er seine medizinischen Kollegen von der Wahrheit seines Erlebnisses nicht überzeugen, und so schrieb er ein Buch. Für eine Woche war Eben Alexander im Koma – und in der Ewigkeit. In seinem Buch ist auch ein Rätsel versteckt: Wer war die Person, die ihn in den Himmel abholte? Er kannte sie nicht – es sollen doch gut bekannte Personen sein. Die Lösung folgt am Ende des Buches.

Eine weitere Nahtoderfahrung wurde von der Ärztin Mary C. Neal[90] berichtet, die beim Kajakfahren mit ihrem Boot unter Wasser eingeklemmt worden war. Die Rettung dauerte 15 Minuten – zu lang. »Drüben« sei sie von ihren Angehörigen empfangen worden, auf einer Wiese. Sie habe dann aber plötzlich nicht mehr weiter gehen können, nicht dorthin, wo ihre Angehörigen hergekommen waren.

Auf dieser Wiese habe sie eine himmlische Gestalt gesehen, Jesus, wie sie später meinte. Sie sei zu ihm hingegangen und habe ihm Fragen gestellt. Die herausragendste Eigenschaft dieser Gestalt sei die Liebe gewesen, die von ihr ausgegangen sei. Auf alle ihre Fragen habe sie Antworten erhalten, dass wir auf die Erde kommen, um bestimmte, unsere Aufgaben zu erfüllen. Diese Aufgaben seien mit uns im Vorfeld abgesprochen, sollen uns oder unsere Seele in der Entwicklung weiterbringen.

Der Ärztin sind die Aufgaben aufgezählt worden, die sie noch auf Erden habe: Sie solle die Familie trösten, wenn der Sohn in jungen Jahren sterbe, und sie solle sich um die Gesundheit der Familienmitglieder kümmern. Tatsächlich ist ihr Sohn später jung verstorben, und sie hat auch ihrem Mann das Leben retten können, als sie ihn wegen Herzbeschwerden zu einer CT-Untersuchung drängte, bei der dann zufällig ein beginnender Lungentumor festgestellt worden war. Nur durch diese frühe Operation habe sein Leben gerettet werden können.

Es gibt auch wissenschaftliche Untersuchungen zu den Nahtoderfahrungen. Als Erster hat der Psychiater Dr. Raymond A. Moody[91] ein Buch über Nahtoderlebnisse geschrieben. In seinem Buch »Leben nach dem Tod« berichtete er von 150 Leuten mit Nahtoderlebnissen.

Pim van Lommel[92], ein Kardiologe, hat die Nahtoderlebnisse seiner Patienten zu Papier gebracht und sich Gedanken dazu gemacht. Bei

Helma Megalli

einer Reanimation sind die Patienten immer eine Zeit lang ohne Bewusstsein, so konnte er eine große Anzahl von Berichten sammeln. Auch ihm stellt sich die Frage, ob das Gehirn vielleicht nur ein Empfänger ist. Bernard Jakoby[93] hat über Nahtoderlebnisse eine ganze Buchreihe herausgegeben, wissenschaftlich die Nah-Tod-Erlebnisse aufgearbeitet, mit Erklärungen und Deutungen für unser jetziges und zukünftiges Leben.

Es ist aber ein Unterschied, ob man über Nahtoderlebnisse in einem Buch liest, oder ob dies einem jemand mit der Inbrunst der Überzeugung im Zwiegespräch erzählt.

Ein Patient erzählt mir von seiner schweren Erkrankung, dass er 14 Tage im Koma war. Es gab keine Andeutung eines Nahtoderlebnisses von seiner Seite. Ich fragte ihn beiläufig, ob er vielleicht eine Nahtoderfahrung gemacht habe. Plötzlich war eine andere Stimmung im Raum. Er antwortete mit leuchtenden Augen: »Fürchten brauchen wir uns nicht!« Man meinte, etwas Heiliges zu spüren, das einen berührte und einem einen leichten Schauer über den Rücken fließen ließ. Noch heute kann ich mich emotional an jede Einzelheit dieser Situation erinnern.

Herr K., ich möchte ihn mal so nennen, ca. 50 Jahre alt, hatte sich zu einer Routinedarmspiegelung in einem Krankenhaus befunden. Bei dieser Untersuchung wurde sein Darm ca. 12-mal perforiert, d. h. durchstochen. Es entwickelte sich eine Bauchfellentzündung, eine schwere, lebensbedrohliche Entzündung des Bauchraumes, da Stuhl und Speisereste nun den Weg in den Bauchraum nahmen. Er habe wahnsinnige Schmerzen gehabt. Er habe aber gewusst, von seiner Ausbildung als Sicherheitspersonal, man hatte sich beim Training oft die Füße blutig geschlagen, dass es »nur« einen Maximalschmerz gebe, mehr gebe es nicht. Das heißt, der Schmerz steigere sich nicht ins Unermessliche. Dies habe Herrn K. in dieser Situation eine Sicherheit gegeben, ihn nicht verrückt werden lassen. Nachdem er das Bewusstsein verloren hatte, habe er sich auf einmal außerhalb seines Körpers befunden. Der Schmerz sei weg gewesen. Er habe gesehen, wie man sich weiter unten, unter ihm, um einen Körper kümmerte. Er habe genauer hingesehen, und habe gesehen, dass es sein Körper war. Von nun an sei es für ihn wichtig gewesen, bei seinem Körper zu bleiben. Einen genauen Grund »warum« konnte er nicht angeben. Es sei ihm einfach wichtig gewesen. Stets habe er sich schräg oberhalb seines Körpers aufgehalten. Er habe alles gesehen, alles mitbekommen. Einmal sei er von einer Schwester und einer Lernschwester gewaschen worden. Die Lernschwester fragte die examinierte Schwester, ob die Patienten im Koma überhaupt etwas mitbekommen würden. Die Schwester sagte hierauf, dass man nie wisse, was die Leute im Koma mitbekommen würden. Am besten sei, sich so zu verhalten, als ob sie etwas mitbekommen würden. Es habe auch andere Schwestern gegeben, für die er nur ein Körper im Koma gewesen sei, der nichts mitbekomme. Er habe gesehen, was in anderen Zimmern passiert sei, habe sich jedoch nicht dafür interessiert. Einzig und allein sein Körper sei für ihn wichtig gewesen. Er sei immer in seiner Nähe gewesen.

Bei einer Visite habe der Chefarzt den Oberarzt gefragt, ob eine Einwilligung zur Organspende vorhanden wäre. Organe würden dringend gebraucht werden. Der Oberarzt sagte, es liege leider keine Einwilligung vor.

Dass die Ärzte ihn so abgeschrieben hatten, das habe Herrn K. in seiner körperlosen Existenz unheimlich geärgert. Er habe sich gedacht, »Euch zeige ich es«, mich einfach aufzugeben, zu denken, ich wäre tot. Das sei für ihn die Entscheidung gewesen, wieder ins Leben eintreten zu wollen.

Er habe gesehen, wie an einem Wochenende der chirurgische Chefarzt ins Krankenhaus gerufen worden sei, weil es bei ihm »spitz auf Knopf« gestanden hatte. Weil es so dringlich war, stürzte der Chefarzt gleich in den Operationssaal, zog er sich nicht mehr vorher um. In seiner Sonntagskleidung operierte er. Herr K. habe dies alles gesehen. Er habe gesehen, wie man den blutigen, resezierten Darm in eine Operationsschüssel tat.

Er habe dies später dem Chefarzt gesagt, dass er von ihm an einem Sonntag in Freizeitkleidung operiert worden war. Er habe ihm auch den Operationsvorgang geschildert. Der Chefarzt sei äußerst verblüfft gewesen. Nun seien sie beste Freunde, man duze sich.

Viermal sei Herr K. im »Tunnel« gewesen. Man sagt, dass sich die Verstorbenen nach dem Tod durch einen Tunnel zum Licht bewegen. Diese Tunnelerlebnisse sind seit Jahrhunderten bekannt und wurden auch in der Malerei dargestellt (Hieronymus von Bosch, Der Flug zum Himmel, ca. 1505)[94]. Engel tragen die Verstorbenen zum Tunnel empor, durch den sie dann ins Licht gehen. Irgendwie habe sich Herr K. in diesem Tunnel nicht wohlgefühlt. Es sei noch nicht sein Platz gewesen. Deswegen habe er den Tunnel wieder verlassen, verlassen können. Er habe auf Erden noch etwas vorgehabt, habe sich in einer Segeljacht in der Karibik gesehen. Da habe er noch hinwollen.

Nachdem es Herrn K. wieder besser ging, habe er seinen Körper wieder übernommen.

Danach habe er es einer Assistenzärztin erzählt. Sie habe es als Halluzinationen beim Bewusstseinsverlust abgetan. Er habe sich gedacht: »Was weißt Du schon.« Seitdem schaue er sich die Leute genau an, denen er seine Erlebnisse erzähle.

Helma Megalli

Seinen Gesichtsausdruck, als er sagte: »Fürchten brauchen wir uns nicht«, werde ich nie vergessen.

Eine jüngere Patientin, ca. 25 Jahre alt, erzählte mir Folgendes:

Sie habe eine schlechte Kindheit gehabt, sei als junges Mädchen bei der Stiefmutter aufgewachsen, nachdem die Mutter verstorben war, der Vater neu geheiratet hatte. Er habe seiner neuen Frau alles geglaubt, wenn die Stiefmutter sie »schlecht machte«. Nichts habe die Patientin der Stiefmutter recht machen können. Sie habe schon als kleines Mädchen im frühen Schulalter im Haushalt putzen müssen. Die neue Mutter habe ihren Vater so aufgehetzt, dass er sogar nachts in ihr Zimmer kam und ihre Wäsche aus dem Wäscheschrank auf den Boden warf, weil ihm wieder irgendetwas nicht passte. Die Stiefgeschwister seien ihr stets vorgezogen worden. Sie habe sich einen »Kummerspeck angefressen«. Mit 16 Jahren sei sie nach Mallorca geflogen, nur um sich umzubringen. Sie wollte es im Hotel tun, hatte Tabletten gehortet gehabt. Im Hotel sei sie vor dem Spiegel gestanden, habe sie die Tabletten eingenommen. Es sei ihr dann sehr schlecht ergangen, sie sei bewusstlos geworden. Sie habe ihr Leben rückwärts ablaufen sehen, wie in einem Film, habe alles gesehen, was sie bisher getan hatte, und sie bewertete es, ob es gut oder schlecht gewesen sei. Als sie ihr Leben so vorbeiziehen sah, habe sich in ihr der Lebenswille wieder gerührt. Sie wollte plötzlich nicht mehr sterben. Sie sei noch jung, wollte leben. Die Patientin sei dann wieder zu Bewusstsein gekommen und habe über die Hotelrezeption Hilfe herbeirufen können. Sie habe alles ohne Schaden überstanden.

Eine andere Frau erzählte mir, sie sei auf dem Operationstisch gelegen. Es sei eine harmlose Operation gewesen. Es habe Komplikationen gegeben. Plötzlich habe sie einen Stich im Herzen verspürt. Sie habe sich

dann unter der Decke schwebend wieder gefunden, habe nach unten
auf einen Körper geschaut. Es sei eine richtige Hektik im Operationssaal gewesen. Sie erkannte, dass es ihr Körper war, dass man sich um
sie kümmerte. Die Ärzte hätten sich bemüht, sie wiederzubeleben. Sie
selbst habe gedacht, wenn das Sterben nicht mehr ist, dann ist es wirklich nicht schlimm. Es sei schön gewesen, sie habe eine sehr angenehme
Ruhe verspürt. Plötzlich sei sie wieder in ihren Körper gezogen worden.

Ein Patient, ca. 30 Jahre alt, erzählte, er habe mit 18 J. einen schweren
Verkehrsunfall gehabt. Er habe plötzlich von oben gesehen, wie sich die
Leute um einen leblosen Körper kümmerten. Nach längerem Hinsehen
habe er festgestellt, dass es sein Körper sei. Er habe die Hektik der anderen nicht verstehen können, da es ihm ja gut ging. Plötzlich sei er wieder
in seinem Körper gewesen.

Herr N.

Ein anderer Patient erzählte, er sei als Autofahrer zu einem Verkehrsunfall gekommen. Ein Auto sei neben der Autobahn in der Böschung
gelegen, wohl wegen Aquaplaning ins Schleudern gekommen. Der Patient sei ausgestiegen, sei zu diesem Auto gegangen, um zu helfen.
In diesem Augenblick sei ein weiteres Auto an der gleichen Stelle ins
Schleudern geraten. Dieses Auto sei auf ihn gefallen. Er wisse nur noch,
dass er von oben gesehen habe, wie sich Leute um einen Verletzten kümmerten. Als er näherkam, habe er gesehen, dass er es war. Es sei eine
Riesenhektik am Unfallort gewesen, er habe aber davon nichts gespürt.
Er habe eine himmlische Ruhe empfunden, alles sei so friedlich gewesen, er sei glücklich gewesen. Er habe gesehen, wie man sich unten um
seinen Körper kümmerte. Er habe an sein Leben gedacht, seine Frau.
Man habe sich sehr früh kennengelernt gehabt, habe früh geheiratet, er

sei 18 J. gewesen, seine Frau 16. Ein Kind sei unterwegs gewesen. Seine Frau sei nicht sogleich in seiner Familie akzeptiert worden. Eine Abtreibung hätten die Verwandten empfohlen, man sei noch zu jung. Aber man habe sich durchgekämpft. Die Schwierigkeiten hätten ihn und seine Frau zusammengeschweißt.

Er habe dann an seine Tochter gedacht, diese hatte schon einen Beruf. Alle waren versorgt. Er sei zufrieden mit seinem Leben gewesen, sei bereit gewesen, zu gehen. Er habe sich dann auf den Weg gemacht, auf den Weg zu einem hellen Licht am Horizont. Boden und Umgebung seien farblich eins gewesen. In der Ferne leuchtete das Licht, so wie bei einem Sonnenaufgang.

Da habe er plötzlich eine starke Verbindung zu seiner Frau und seiner Tochter verspürt, habe ihre Trauer gesehen, habe gespürt, dass sie ihn noch brauchen würden. Er habe sie nicht allein lassen können, habe umgedreht und sei zurückgekehrt. Er habe nun ein schlechtes Gewissen, dass er überhaupt auf den Gedanken gekommen sei, seine Frau und seine Tochter im Stich zu lassen.

Eine Frau erzählte, sie habe versucht, sich das Leben zu nehmen. Die Probleme seien einfach zu viel gewesen: Epilepsie, Alkoholsucht, Schwierigkeiten in der Partnerschaft, keine Arbeit. Sie habe einen Selbstmordversuch gemacht, habe ihren Körper schon verlassen gehabt. Da habe sie die Trauer ihrer Eltern gesehen. Sie habe dann beschlossen, in ihren Körper zurückzukehren.

Eine weitere Frau berichtete, sie habe einen schweren Verkehrsunfall gehabt. Sie sei außerhalb ihres Körpers gewesen, habe gesehen, wie man sich um ihren Körper kümmerte. Sie sei dann plötzlich wieder in ihren Körper zurückgezwungen worden. Dann sei auch der Schmerz wieder da gewesen. Seither habe sie eine Verbindung zur geistigen Welt, sie könne die Bewohner der anderen Welt sehen, wenn sie kämen. Auf meine beiläufige Frage, ob es auch böse Geister geben würde, sagte sie: »Natürlich.« Ich war überrascht, so ein eindeutiges »Ja« hatte ich nicht erwartet. Auf die Frage, ob sie sich nicht fürchtete, wenn sie nachts zu Bett ginge, dass dann »böse Geister« kommen könnten, sagte sie:»Nein, denn dann sind auch alle guten Geister bei uns und beschützen uns.« Sie sagte dies mit einer solchen Überzeugung, dass es für mich eine Tatsache war. Dieser Satz klingt mit seiner absoluten Überzeugung, wie er gesagt wurde, dass es das Natürlichste auf der Welt sei, dass es böse Geister gebe, immer noch in meinem Bewusstsein.

Frau O. erzählte Folgendes:

Sie sei von Zwillingen schwanger gewesen. Kurz nach der Geburt sei einer verstorben. Es sei eine schwere Geburt gewesen, sie habe viel Blut verloren gehabt. Mit ihrem Leben sei es »spitz auf Knopf« gestanden. Sie sei nach dem Verlust des Kindes unheimlich traurig gewesen, habe nächtelang geweint, habe keinen Lebenswillen mehr gehabt.

Eines Nachts, wenige Tage nach dem Tod des einen Kindes, sei sie aufgewacht. Sie habe einen kalten Windhauch verspürt, der von der Türe gekommen sei. Sie habe dann plötzlich ein Kind von der Türe hereinkommen sehen. Es habe Locken gehabt. Das Gesicht habe sie nicht erkennen können, es sei unscharf gewesen. Das Kind habe den Kopf auf die Bettkante gelegt und sie gebeten, dass sie mit dem Weinen aufhören möge, denn dann komme es in den Himmel. Es habe sie mit »Mama« angesprochen. Frau O. versprach es. Von da ab war die starke Traurigkeit verflogen, gewann sie wieder Lebensmut.

Frau K.:

Sie habe Kontakte zum Jenseits. Sie sei hellsichtig, könne wahrsagen, auspendeln (hat sie bei mir gemacht, hat gestimmt. Damals hatte ich Ärger mit der Kassenärztlichen Vereinigung, die die Gelder an die Ärzte verteilt. Wir Nervenärzte wurden lange Zeit benachteiligt). Auch ihre Oma hätte diese Fähigkeit zur Hellseherei gehabt. Sie wisse, man werde abgeholt, von einem lieben Bekannten, das habe die Mutter ihr gesagt, als diese todkrank war. Das »drüben« sei auch die »bessere Welt«. Wenn eine Seele gehe, so könne es zu akustischen Phänomenen kommen, eine Uhr kann stehen bleiben, es kann ein Poltern im Geschirrschrank geben. Sie habe all dies erlebt. Als es ihr einmal sehr schlecht ging, habe sie im Krankenhaus eine Gestalt wie einen Schutzengel gesehen.

Ein Mann erzählte mir, er sei nach einem Verkehrsunfall lange Zeit im Koma gewesen. Auf meine Frage, ob er ein Nahtoderlebnis hatte, antwortete er ohne Umschweife: »Ja.« Auf die Frage, ob es sein Leben verändert hätte, antwortete er wieder kurz, aber ohne Umschweife: »Ja.«

Tiefer gehende Gespräche wurden nicht gehalten, da es sich um den ersten Patientenkontakt handelte und ich nicht aufdringlich sein wollte. Zu einem Folgekontakt kam es nicht mehr.

Frau M.:

Bei einer Unterleibsoperation sei bei ihr ein starker Blutverlust eingetreten. Der Blutdruck sei abgesackt auf 60 mm Hg systolisch (normal 120/80 mm Hg, bei 60 mm Hg ist man kurz vor dem Kreislaufversagen). Sie sei bewusstlos geworden. Plötzlich sei sie an einen Ort gekommen, den sie nicht zuordnen konnte. Die Schmerzen waren weg. Da habe sie eine Stimme gehört: »Was willst Du schon hier oben, ich kann Dich hier noch nicht brauchen, du hast noch zwei Kinder auf der Erde, um die du dich zu sorgen hast.« Dann sei sie wieder in ihrem Körper aufgewacht.

Frau F.:

Sie sei schwer krank gewesen, habe einen durchgebrochenen Blinddarm gehabt. Im Rahmen dieser Erkrankung sei sie zweimal reanimiert worden. Beim zweiten Mal habe die Reanimation länger gedauert, da habe sie ein Nahtoderlebnis gehabt.

Sie habe einen Zug an ihrem Körper verspürt und schon sei sie aus dem Körper herausgerissen worden, sei sie »drüben« gewesen. Sie sei auf einer Wiese gestanden, bekleidet wie zuletzt im Krankenhaus. Die Farben in dieser Welt wären sehr intensiv gewesen, das Blau des Himmels ist mit unserem Himmel nicht vergleichbar. Das Gras sei kniehoch gewesen, habe ein kräftiges, helles Braun gehabt.

Vor ihr sei ein Zaun gewesen, ein Jägerzaun, mit einer Tür. Dahinter habe sie eine schlanke, dunkle, freundliche Gestalt gesehen. Ihr Gesicht habe sie nicht erkennen können, es sei verschwommen gewesen. Diese Gestalt habe eine abweisende Bewegung mit den Armen gemacht, wie wenn man etwas zurückschiebt. Immer wieder habe sie, auf freundliche, aber bestimmte Art diese Bewegung gemacht. Es war unmissverständlich: Sie sollte wieder zurückgehen – sie durfte nicht durch den Jägerzaun gehen. Dann sei sie in ihrem Körper wieder aufgewacht. Sie habe nun keine Angst mehr vor dem Sterben. Man gehe 'rüber mit dem Gewand, das man zuletzt hier getragen habe.

Was ist nun allen Beschreibungen gleich?

- Der Übergang ist plötzlich. Plötzlich stehen die Leute außerhalb ihres Körpers, sehen, wie etwas mit einem Körper gemacht wird, ohne vorerst zu realisieren, dass es ihr Körper ist. Erst wenn sie sich näher hinbewegen sehen sie, dass sie es sind, um den sich die Leute kümmern, um den sich alles dreht. Sie erkennen die Situation, verstehen aber nicht die Hektik der anderen, da es ihnen gut gehe. Der Schmerz ist ab dem Übergang weg. Das Zurückholen geschieht plötzlich. Dann ist auch der Schmerz wieder da.

- Wenn die Leute in eine Zwischenwelt kommen, in der sie abgeholt werden, oder frühere Verwandte, Freunde treffen, so sind in dieser Welt die Farben sehr intensiv. In der Literatur wird auch eine Musik von nicht gekannter Schönheit beschrieben. Die Sinneseindrücke sind auf jeden Fall sehr intensiv.

- Es gibt ein Tor, eine Eintrittsstelle, durch die man hindurch muss, um auf die andere Seite zu gelangen, wo es dann weiter zum Himmel geht. Durch dieses Tor kann einem der Zugang verwehrt werden, entweder durch eine andere Person, auch einen Engel, oder es geht einfach nicht, das Tor lässt sich nicht öffnen.

- Man kann den Tunnel oder die jenseitige Welt wieder verlassen. Hierbei spielt große Trauer der Angehörigen eine Rolle, oder wenn man noch etwas vorhat. Dann ist ein Wiederkommen möglich.

- Man bekommt, wenn man den Körper verlassen hat, sich aber noch in der hiesigen Welt befindet, alles mit, was hier, in der feststofflichen Welt passiert. Man kann durch Wände gehen und sehen. Solange sich die Seele noch nicht entschieden hat, in den Himmel zu gehen, ist einem der eigene Körper wichtig. Die Seele hält sich in dessen Nähe auf.

Anfangs besteht bei den Patienten mit Nahtoderlebnis eine große Unsicherheit, ob dies alles real war, ob man nicht geträumt habe. Dann kommt die Unsicherheit, ob man das überhaupt erzählen dürfe, ohne

»In der anderen Welt sollen die Farben sehr intensiv sein.«

Johanna Brucker

gleich als »Fantast« oder »Aufschneider«, »Angeber« da zu stehen. Irgendwann gibt man sich einen Ruck und erzählt es einem, vorsichtig, man weiß ja nicht, wie der andere dies auffasst. Man erzählt ja etwas sehr Persönliches. Wird man hier abgewiesen, so ist man tief gekränkt. Nach einer ersten positiven Bestätigung sind die Leute oft von einem Missionseifer besessen, müssen aber bei weiteren Erzählungen feststellen, dass manche dies als Fantasie oder »Fehlfunktion des Gehirns« darstellen. Man wird quasi als »verrückt« hingestellt. So ging es dem Patienten, der ein Nahtoderlebnis nach der missglücken Koloskopie (Dickdarmspiegelung) hatte. Er hatte es der Stationsärztin erzählt. Diese sagte ihm, dass es so etwas nicht gebe, erklärte es mit Stoffwechselvorgängen im Gehirn. Nach der »Zurückweisung« dachte er: »Was weißt denn du schon.« Er sei dann vorsichtiger mit dem Erzählen geworden.

Auch dem Neurochirurgen Alexander Eben glaubten seine Fachkollegen nicht. Er war frustriert, da er ja so etwas Wichtiges mitzuteilen hatte. Sein Sohn empfahl ihm, ein Buch zu schreiben. In kurzer Zeit war es geschrieben und ist nun ein internationaler Weltbestseller.

Was ist dann Gott?

In meiner Ausbildung in Traditioneller chinesischer Medizin war ich bei Herrn Dr. Platsch[95]. Die Kurse fanden auf der Fraueninsel im Chiemsee statt. In der chinesischen Medizin gibt es fünf wichtige Organsysteme, Herz, Milz, Lunge, Niere und Leber. Deren Erkrankungen wurden in diesen Kursen gelehrt. In aller Frühe wurde eine Meditation angeboten, Dauer ca. 30 Minuten. Herr Platsch sagte, wir sollten uns in der Meditation von der allumfassenden Liebe einfangen lassen, die existiere. Die Meditation wurde in der Kapelle über dem Grab der Heiligen Irmgard gehalten. Dies sei ein richtiger Kraftraum. Damals konnte ich damit nicht viel anfangen, »allumfassende Liebe«. Ich spürte auch nicht diese Liebe – ich war viel zu sehr mit der Meditation beschäftigt – früh um 6.30 Uhr, und es war auch nicht so gemütlich in der Kapelle, es war kalt. Jetzt muss ich sagen, jetzt weiß ich, was er meinte. Es ist diese allumfassende Liebe, die immer da ist und über die unsere Seele, nach Aussagen der Mystiker, Kontakt zu Gott hat, sie geht ja von ihm aus. Man braucht nur darauf zu vertrauen, dass es diese Liebe gibt – und schon ist sie da. Es ist ein warmes Gefühl – ähnlich wie es die Jünger Jesu Christi beim Emmausgang[96] vor knapp 2000 Jahren erlebten, als sie sagten: »Wurde es uns nicht warm ums Herz, als er uns die Schrift erklärte?«

Eine wichtige Frage, an der viele verzweifeln, ist, warum dieser Gott all dies Unrecht auf Erden zulässt. Sollte er sich nicht einmischen, wenn man an Darfur denkt, wo Christen verhungern und von muslimischen Fanatikern getötet werden, oder wenn durch eine ungerechte Wirtschaftsordnung Menschen verhungern, verdursten, in bitterster Armut leben?

Eben Alexander[97], der eine Woche im Koma war, dessen Gehirn an einer eitrigen Entzündung erkrankt war, bei dem man in Computeruntersuchungen sehen konnte, dass sein Großhirn nicht mehr funktionierte, hatte ein Erlebnis, das über ein Nahtoderlebnis hinausging. Er wurde, nachdem er im Koma lag und sich »auf der anderen Seite befand«, aus »einem Sumpf« von einem Schmetterling abgeholt und in den Himmel gebracht. Dies geschah immer wieder, eine Woche lang, da er in diesen Sumpf nach seiner Zeit im Himmel auch wieder zurückkam. Im Himmel sei er auch Gott begegnet. Es sei ein heiliger Ort gewesen. Gott war kein alter, bärtiger Mann, er war »einfach Gott«, man wusste, dass er es war. Man spürte die Heiligkeit des Ortes. Eben Alexander stellte diese Frage über die Ungerechtigkeit auf Erden und bekam diese Antwort: »Gibt es nicht viel mehr Liebe als Bosheit auf der Erde?« Dann begann auch ich darüber nachzudenken, und dachte an die Liebe der Mütter zu ihren Kindern, die Liebe der Väter zu ihren Kindern und zu ihrer Frau, die Liebe in einer Partnerschaft, die Liebe von Freunden und Freundinnen, die Liebe von Heilern, Ärzten, Krankenschwestern zu ihren Patienten, und musste feststellen, dass Gott recht hatte. Es gibt viel mehr Liebe als Böses auf der Welt – tausend Mal mehr.

Die zweite Frage ist, warum er sich nicht einmischt. Vielleicht mischt er sich ein, aber leise, subtil wie das Säuseln des Windes, in dem Gott war, als er sich Elia[98] zeigte. Nur wir Menschen hören es nicht, weil wir betäubt sind von der Lautheit der Welt, geblendet von ihrem Schein, getrieben von Gier und vom Egoismus. Dadurch entsteht, so meine ich, das Böse in der Welt.

»Eruption«
Helma Megalli

Wir kommen nicht umhin, eine Entscheidung zu treffen, auf welcher Seite wir stehen wollen. Die freiwillige Entscheidung ist ein wichtiger Schritt bei der Läuterung der Seele. Gott will keine Roboter, die genau das tun, was er will. Es ist ja auch im Leben so, dass Gemeinschaften, die aus Überzeugung füreinander eintreten, einen besseren Zusammenhalt haben, als Gemeinschaften, in denen die Zugehörigkeit durch Zwang geregelt wird. Ein strafender Gott, der jedes Mal ein Donnerwetter abhält, wenn wir eine Sünde begehen, passt nicht zu einem liebenden Gott. Zu spät erkennen wir, dass wir alle zueinander gehören, dass das, was wir einem anderen antun, letztendlich uns selbst antun. Wohl dem, der diese Erkenntnis nicht erst auf dem Totenbett bekommt.

Was bedeutet dies für die Religionen?

Nehmen wir einmal an, dass die Leute mit Erfahrungen aus den Nahtoderlebnissen, dass uns hinterher eine allumfassende Liebe empfängt, recht haben, so wie die Mystiker, oder die Leute, die beim Meditieren diese allumfassende Liebe spüren. Man kann diese Liebe auch spüren im wohlwollenden Umgang mit dem Nächsten. Wie sagte Bonhoeffer: »Von guten Mächten wunderbar geborgen.« Nehmen wir einmal an, dass dies stimmt.

Was bedeutet dies dann?

Religionen sind damit Beschreibungen der Liebe Gottes, und ein Fahrplan, wie wir leben sollten, um das ewige Leben und diese Liebe zu erlangen. Die Religion, die die Liebe Gottes am besten abbildet, die am besten mit den Nahtoderlebnissen vereinbar ist, kommt der Wahrheit am nächsten. Jesus Christus wurde vor 2000 Jahren gefragt, welches das wichtigste Gebot wäre. Er antwortete: »Du sollst Deinen Nächsten lieben wie dich selbst. Ein zweites Gebot kommt diesem gleich. Du sollst Gott, deinen Schöpfer lieben, von ganzem Herzen.«[99] Die Religion, die Jesus Christus uns hinterlassen hat, kommt diesen Kriterien, den Kriterien der Liebe, sehr nah. Auch der Buddhismus mit seinem Streben nach Mitgefühl und Harmonie kommt diesem Ideal sehr nahe. Zu anderen Religionen kann ich mangels Erfahrung keine Stellungnahme abgeben, hier müssen die Gläubigen selber entscheiden, wie weit diese Religionen einen liebenden Gott und einen Himmel beschreiben. Aber auch den aufgeklärten Islam würde ich dazu zählen oder das Judentum, die »älteren Brüder« der Christen. Maßgabe und Messlatte bleibt jedoch immer die Liebe.

Was ist dann das ewige Leben, der Himmel? Es ist unsere Heimat, die Bestimmung unserer unsterblichen Seele. Sie kam von dort, Gott schuf uns Menschen nach seinem Ebenbild, dies ist die Seele, und dort will sie und geht sie wieder hin. Wie sagte der Heilige Augustinus über uns Menschen? »Unruhig ist unser Herz, bis es ruht in Dir.«[100] Damit ist Gott gemeint.

Eine interessante Frage ist: Was sind dann die Propheten?

Es müssen Menschen gewesen sein, die Einblick in diese andere, göttliche Welt hatten und die aus eigenem Bedürfnis oder aber aus einer Verpflichtung, einem Auftrag heraus anderen mitteilen wollten oder sollten, wie man leben solle, um in den Himmel zu kommen. Nicht immer haben die Propheten diese Aufgabe mit Begeisterung aufgenommen.

Auch Moses war nicht begeistert, als Gott ihn zum Führer des Volkes Israel erkor. Er erwiderte: »Wer bin ich, dass ich zum Pharao gehe?« Er hatte Bedenken, dass die Israeliten ihn nicht anerkennen würden, fragte, was er sagen solle, wenn sie wissen wollten, von wem er geschickt werde. Auch wandte Moses ein, dass er nicht gut reden könne. Nachdem Gott auf all seine Bedenken geantwortet hatte, sagte er dennoch: »Aber bitte, Herr, schick doch einen andern!«. Dann entbrannte allerdings der Zorn des Herrn[101].

Helma Megalli

So sind halt wir Menschen. Doch es nutzte ihm nichts. Gott sucht sich gerne die Zaudernden, die Unsicheren aus. Wenn sie dann »Feuer gefangen haben«, sind sie durch nichts mehr zu bremsen.

Auch die Leute mit Nahtoderfahrungen haben so ein Sendungsbewusstsein. Sie fürchten sich nicht mehr vor dem Tod. Oberflächliche Partnerschaften, Reichtum ist ihnen egal. Sie wissen, worauf es ankommt, »auf die Liebe«. Sie wissen, dass wir nur Gast auf Erden sind, in einem zerbrechlichen Körper, um Erfahrungen zu machen, die wir nur in einem solchen Körper aus Fleisch und Blut machen können.

Nicht umsonst heißt es so oft im Neuen Testament: »Fürchtet euch nicht.« Furcht hält uns davor ab, das zu tun, was wir tun sollen. Wir verzagen und werden kleinmütig. Die Hirten auf dem Feld sollten sich nicht vor den Engeln und Zeichen bei der Geburt Jesu fürchten, und die Frauen, die das leere Grab nach der Auferstehung fanden, sollten sich nicht vor dem Engel fürchten, der im Grab war. Die ersten Worte waren jeweils: »Fürchtet euch nicht«. Auch an Maria richtete der Erzengel Gabriel zuerst diese Worte, als er ihr sagte, dass sie Gottes Sohn gebären werde.

Was bedeuten dann der Tod Christi am Kreuz und seine Auferstehung? Was sagt er uns? Es ist schwierig zu glauben und zu verstehen, dass Jesus für unsere Sünden diesen schmerzhaftesten aller Tode auf sich genommen hat. Aber es ist leicht zu glauben, dass wir für diese göttliche Liebe alles auf uns nehmen können, und dass es gut wird.

Jesus konnte nach seiner Auferstehung durch Türen gehen, wie kann man das erklären?

Auch bei den Nahtoderlebnissen wird berichtet, dass die Patienten durch Wände gehen konnten, dass Leute »durch sie hindurch« gegangen wären. Vielleicht hatte Jesus nach der Auferstehung von den Toten diesen Astralleib oder diese energetische Existenz der Seele, in der wir in der Welt »drüben« existieren. Damit kann man sowohl das Gehen durch geschlossene Türen erklären, als auch die Himmelfahrt Jesu, bei der es heißt, er entschwand ihren Augen, d. h., der Astralleib wurde für die Augen der Menschen auf Erden unsichtbar, wie er es ja normalerweise ist.

Ist die Entwicklung der Seele nach dem Tod zu Ende

Sowohl gemäß dem Buddhismus, dem Christentum, oder nach den Informationen von Jakoby in seinem Buch »Gesetze des Jenseits, Botschaften von Gregory«[102], in dem er von seinem Dual, einem Geistwesen im Jenseits, das für einen zuständig ist, Informationen erhält, muss die Antwort sein: Nein.

Jesus sagte im Evangelium der Magdalena[103], das erst Ende des 20. Jahrhunderts entdeckt wurde, dass auf die Seele im Jenseits noch andere Prüfungen warten würden, um sie weiterzuentwickeln.

Auch nach Jakoby gibt es eine Weiterentwicklung. Dies habe ihm sein Dual gesagt.

Die Seele entwickelt sich nach dem Tod weiter, soll weiter in ihrer Liebe wachsen. Sie kommt in »Seelengemeinschaften«. Dort erfolgt die Kommunikation über Telepathie. Die Seelen bilden ein Ganzes, eine Gemeinschaft, sind füreinander da. Es ist klar, dass in dieser Seelengemeinschaft kein Lug und Trug, keine Falschheit existieren kann. Sie würde sofort offenbar werden und die anderen Seelen betrüben. Diese Enttäuschung und Trauer würde aber auf den Verursacher zurückfallen. Ist es für uns jetzt schon schlimm, auszuhalten, jemanden enttäuscht zu haben, wie wird das erst in diesen Seelengemeinschaften sein, in denen jeder nur das Gute für den Anderen will.

Eine jede Seele kann immer mehr von sich aufgeben, ohne sich gänzlich aufzugeben, und bekommt immer mehr Liebe von den anderen geschenkt – man gibt etwas für die Gemeinschaft und bekommt es tausendfach zurück. Einen Abglanz dieser Freude können wir selbst spüren, wenn wir anderen eine Freude bereiten.

Wir gelangen auf immer höhere Entwicklungsstufen, immer näher zu Gott. Für die letzten Stufen ist ein persönlicher Betreuer notwendig, ein Coach, damit man nicht überfordert wird (gemäß dem Dual von B. Jakoby). Auch auf Erden kann man sich nicht alles autodidaktisch aneignen. Ein Lehrer dosiert den Wissensstoff, den man erwerben soll, ermuntert uns, falls wir vor »so viel Wissensstoff« den Mut verlieren würden, sorgt für die Erfolgserlebnisse, damit wir gerne weitermachen, fördert unsere Stärken und weist uns auf unsere Schwächen hin, an denen wir arbeiten sollen, vor allem: wie wir daran arbeiten sollen – wie es halt ein guter Trainer macht. Ein Erkennen der Defizite und deren Beheben ist die effektivste Form der Weiterentwicklung. Man verliert immer mehr »Ich«, bekommt immer mehr »Wir«, »Gemeinschaft« geschenkt. Man wird immer glücklicher in dem Seelenverbund, zu dem man gehört.

In dieser Seelengemeinschaft sind nur Seelen, die zueinander passen, mit denen man sich gut verträgt, die Gedanken, Gefühle liegen offen, ein jeder freut sich oder leidet mit dem anderen mit. Eine solche Offenheit muss man auch ertragen können. Ich denke, dass dies ein großer Glückszustand ist – es gibt keine Einsamkeit mehr, jeder ist für den anderen da, freut sich für ihn, fühlt mit ihm.

Helma Megalli

Man muss allerdings seine Schwächen überwunden haben, Falschheit, Neid, Geheimniskrämerei, Egoismus, die fehlende Fähigkeit, sich über das Glück anderer zu freuen – um auf eine solche Ebene zu gelangen.

Man sieht also, dass die Seele Entwicklungen durchmachen muss. Wer sich auf Erden der Lüge ergeben hat, sich auch selbst ständig belügt, was er für ein »toller Hecht« ist, sei es in der Sucht, in der ja oft kein Körnchen Wahrhaftigkeit mehr vorhanden ist, oder in grenzenlosem Egoismus, der muss sicherlich einen längeren Weg im Jenseits nehmen, um in einer solchen Seelengemeinschaft überhaupt aufgenommen werden zu können. Zuallererst muss er sich im Jenseits mit denen aussöhnen, denen er geschadet hat, die er durch seine Lügen enttäuscht hat.

Am Schluss der Entwicklung nähert man sich immer mehr Gott, geht jedoch nicht in diesem auf. Nähe zu Gott bedeutet eine immer stärkere Glückseligkeit, ist die Bestimmung der Entwicklung der Seele.

Vielleicht handelt es sich bei den fortgeschrittenen Seelen um »Heilige«, wie sie die Katholiken bezeichnen würden. Auf jeden Fall handelt es sich um Seelen, die bereits einen hohen Reifegrad erreicht haben. Leute mit einem vorbildhaften Leben gibt es natürlich in jeder Religion.

Irgendwie kennen wir schon auf Erden den Begriff der »Seelenverwandtschaft«. Dies hat sicherlich nichts mit diesen Seelengemeinschaften zu tun, die der Dual bei B. Jakoby beschrieb, aber es gipfelt in der Erkenntnis, dass sich manche Menschen einfach sehr gut verstehen, sich zueinander hingezogen fühlen.

Auch der Buddhismus kennt Prüfungen für die Weiterentwicklung – allerdings sind diese in dieser Welt. Wir kommen immer wieder, bis wir alles gelernt haben, was wir lernen mussten, bis wir Gier und Egoismus überwunden haben, bis wir erkannt haben, dass alles miteinander verbunden ist, und dass das, was wir anderen antun, eigentlich uns selber antun. Einen Gott kennt der Buddhismus nicht, man geht ins Nirwana ein.

Man kann nun den expliziten Ausführungen des Duals von B. Jakoby Glauben schenken oder nicht.

Es ist anzunehmen, dass unsere Entwicklung mit dem Tod nicht zu Ende ist. Dies sagen Jesus im Evangelium der Magdalena, der Buddhismus, oder der Dual von B. Jakoby. Vielleicht hat das alles auch etwas vom Schmetterling an sich. Die Raupe wird zur Puppe und beginnt als Schmetterling ein neues Leben.

Geht man von einer unsterblichen Seele aus, so wäre es eine Nichtausschöpfung von Ressourcen, wenn man die Seele auf dem Stand nach dem Tod stehen ließe. Eine Mannschaft wird besser, wenn der Einzelne besser wird, und für den Einzelnen macht es auch mehr Freude, besser zu werden, weiter zu kommen. Nachdem die Seele das Abbild Gottes ist, er schuf den Mensch nach seinem Ebenbild, müssen die Potenziale der Seele zur Weiterentwicklung enorm sein. Unter der Voraussetzung, dass im Jenseits die Gesetze der Liebe herrschen, wäre es eine notwendige Konsequenz, die Seele maximal weiterzuentwickeln, zum Nutzen der Seele und der Allgemeinheit.

Wie sollte man dann nicht leben?

Die Lautheit der Welt hält uns von der Verbindung zu Gott ab. Bei Angst kreisen die Gedanken nur um uns selbst, haben wir »wie Scheuklappen auf«, können wir uns nicht auf den Weg zu Gott und dem Nächsten machen, da wir das Ziel nicht sehen. Es ist, als ob wir auf einen schönen Aussichtsberg gehen wollten, aber immer nur auf unsere eigenen Schuhe schauen würden.

Eine Sucht ist das größte Übel. Hier drehen sich die Gedanken nur noch um das, was wir haben wollen, sei es Alkoholsucht, Spielsucht, Habsucht, Geld, Sucht nach Anerkennung, Sex. Wir haben einen Götzen gefunden, der uns ständig in einem Hamsterrad hält und davon abhält, über das, warum wir auf Erden sind, nachzudenken. Eine Weiterentwicklung findet nicht statt. Es ist, als ob wir eine Wallfahrt machen wollten, aber nur noch im Kreis um den Wanderstock gehen, den wir auf den Boden gestellt haben. Zur Unwissenheit über den Weg zu Gott kommt hinzu, dass wir all unsere Energie in die Befriedigung der Sucht stecken, somit überhaupt nicht mehr nach Gott suchen. Um bei dem Bild zu bleiben: Bei dem Kreisen um den Wanderstab wäre es wichtig, einmal inne zu halten, den Kopf zu heben, und zu schauen, wo denn unser Ziel ist.

Ohne die Verbindung zu Gott, unserem Schöpfer, sinkt die Lebensqualität, da die Seele sich nicht mehr dem zuwenden kann, wofür sie auf Erden ist: sich weiterzuentwickeln, Gott zu suchen und zu ehren, um später eine möglichst innige Verbindung mit ihm zu erhalten.

Gier lässt unsere Gedanken um das kreisen, was wir wollen. Auch hier passt wieder das Bild mit dem Wanderstab. Wir kreisen nur noch um uns selbst, oder »unseren Götzen«, haben nicht mehr den Blick für das Schöne, für höhere Aufgaben. Es ist hierbei egal, ob wir das, was wir wollen, überhaupt brauchen. Wir wollen einfach immer mehr. Zur 15. Million soll sich die 16. Million gesellen, neben der Partnerin brauchen wir für den Sex noch andere, egal, ob wir damit den anderen zum Lustobjekt degradieren, nicht mehr den Menschen auch suchen. Ganz krass ist dies bei der Alkohol-, Tabletten- oder Rauschgiftsucht. Hier kommt es zum Verfall von dem, was einen Menschen ausmacht: der Wunsch nach Gemeinschaft, das Bedürfnis, Gutes zu tun.

Es wird gelogen, zuerst belügt man sich selber, dann andere, der Süchtige verliert die Arbeit, die Familie, jeglichen Lebenssinn, verkommt auch äußerlich. Körperliche Pflege ist ein Fremdwort. Gesundheitliche Schäden stellen sich ein. Es drehen sich die Gedanken nur noch darum, den nächsten Stoff zu bekommen, die Tabletten, den Alkohol, das Rauschmittel, den Alkohol so zu verstecken, dass ihn keiner findet, und ständig mit sich zu verhandeln, dass man ja doch eine Flasche Wein kaufen könnte, man habe sich ja auch vor zwei Wochen nicht total betrunken, und morgen höre man sowieso damit auf.

Man schämt sich vor sich selber, am nächsten Tag doch wieder getrunken zu haben, die Verhandlungen mit sich selber werden zu hohlen Phrasen, die Person wird innerlich leer, der Blick wird matt, die Seele leidet. Depressionen stellen sich ein. Es ist nur noch die Hülle vorhanden, kein Ich, kein Kern, der für irgendetwas steht, auf den man sich verlassen kann.

Je öfter man seine Vorsätze bricht, umso weniger kann man sich auf sich verlassen.

Man schämt sich und projiziert den Ärger über sich nach außen, die anderen sind nun an allem schuld. Es wird viel gestritten.

An diesem Punkt ist es schwierig, die Achtung vor sich selber wieder zu gewinnen. Dies geht nur über Disziplin, ist ein harter Weg. Man muss sich eingestehen, dass man gegenüber dem Suchtstoff hilflos ist, sein Leben nicht mehr auf die Reihe bringt und Hilfe von außen annehmen muss, da man nicht mehr kann. Der Karren steckt im Sumpf. Es ist die totale Kapitulation.

Beim Entzug wird dem Probanden sein Verfehlen auch körperlich vor Augen geführt, es geht ihm »richtig dreckig«. Evtl. haben sich auch irreparable Schäden eingestellt, eine Lebererkrankung, eine Erkrankung der Nerven.

Zuerst muss eine Verlässlichkeit zu sich selber wieder aufgebaut werden, dies erfordert eine harte Disziplin, einen gut strukturierten Tagesablauf, zu dem auch viel Sport, aber auch viel Gemeinschaft gehören.

Die Zeit, die man früher mit der Sucht verbrachte, muss nun anderweitig gefüllt werden. Dies ist manchmal gar nicht so leicht, da der Patient den Blick für das Schöne verloren hat und oft gibt es keine Freunde oder Familienangehörige mehr, weil man diese vergrault hat. Auf jeden Fall ist dies ein langsamer Prozess. Damit der Patient hierbei nicht die Geduld verliert und zum Sofortbefriediger »Suchtstoff« greift, braucht man auch eine Entwöhnungstherapie, oft mit vier Monaten Dauer.

Johanna Brucker

Die Patienten lernen wieder, den Kontakt zum Nächsten aufzubauen. Sport wird betrieben, man besucht die Beschäftigungstherapie, man arbeitet auf Station mit, macht Frühstücksdienst, organisiert einen Ausflug, übernimmt Aufgaben in der Gruppe.

Die Sucht ist nur ein Beispiel für einen Irrweg. Auch die Gier ist einer. Sie gehört auch zu den sieben Todsünden.

Im Buddhismus sind die Ursache allen Leidens Gier, Hass und Verblendung. Hass bindet Energie, gebiert nur negative Energie, lässt keine positive Energie hochkommen, und Verblendung negiert den inneren Kompass, der uns sagt, was wir hier auf Erden sollen. Erlöschen die Ursachen, erlöscht das Leid. So einfach ist es.

Es ist nun die Frage, ob es »das Böse« gibt, d. h. böse Geister, Mächte, die den Menschen vom guten Weg zu Gott abbringen wollen. Naheliegend wäre es, denn in der Natur gibt es immer beide Ausprägungen einer Sache, Plus und Minus beim Strom, Mann und Frau, Feuchtigkeit und Trockenheit. Für den Fall, dass es sich nicht um sich ergänzende Gegensätze handelt, wie bei Mann und Frau, sind es auf jeden Fall die Zustände, die man am einfachsten so beschreiben kann: Etwas ist vorhanden, etwas ist nicht vorhanden.

Im Neuen Testament gibt es »böse Geister«, Jesus hat sie ausgetrieben, einmal sie sogar in eine Schweinherde gezwungen, die sich dann den Berg hinunterstürzte[104].

Eine Frau, die ich zu ihrem Nahtoderlebnis befragte, deutete an, es würde auch böse Geister geben. Um hier keinem Missverständnis aufzusitzen, fragte ich nach. Sie bejahte deren Existenz, als ob es das Selbstverständlichste auf der Welt wäre.

Der Vater meines Freundes[105] war der Sohn eines koptischen Hauptdiakons, der in seiner Eigenschaft als Diakon Geisteraustreibungen durchführte. Er wohnte einer dieser Geisteraustreibungen bei. Nach der Beschwörungsformel befahl der Diakon dem bösen Geist, »über diese große Zehe« aus dem Körper des Besessenen auszufahren. Plötzlich habe diese Zehe zum Bluten angefangen.

In der Spätantike bezeichnete Plotin (205-270 n. Chr.) die Hölle als »Ferne von Gott«. Himmel ist Beisein bei Gott, Hölle ist Gottesferne. Der heilige Augustinus betrachtete dies als Irrlehre, für ihn gab es »die bösen Geister«. So steht es ja auch in der Bibel, mit den gefallenen Engeln, Luzifer war ja einer, er war sogar Lichtträger, ein hoher Engel Gottes. Bis er sich gegen Gott auflehnte und verlor. Nun ist er Herrscher der Hölle.

Leute mit Gottesferne sind nicht nur depressiv, traurig, sondern, z. B. bei chronischem Alkoholismus, auch aggressiv. Ist diese Aggressivität evtl. Zeichen der Besitznahme durch einen bösen Geist? Vielleicht wird der Schutzschild der Seele porös, wenn wir uns den Lastern hingeben. Dann könnten böse Geister eindringen. Dies alles ist jedoch nur Theorie.

Bei Sucht könnte man jedoch schon zu der Auffassung gelangen, dass der andere von einem Dämon besessen wird – denn sein Verhalten verändert sich grundlegend zu einer nicht nachvollziehbaren Aggressivität.

Wie sollte man dann leben?

Manfred Buber[106] schreibt, dass jeder eine bestimmte Aufgabe auf Erden hat, nämlich »seine«[107]. Diese, seine Aufgabe kann er von all den Menschen auf Erden am besten erfüllen. An der Erfüllung dieser Aufgabe werden wir gemessen.

Meister Rumi (1207–1273)[108], ein sufistischer Gelehrter aus dem Orient, formuliert dies so: »Es ist, als hätte der König dich in ein fremdes Land geschickt, um eine ganz bestimmte Aufgabe zu erledigen. Du gehst und erfüllst hundert wichtige Aufgaben; wenn Du jedoch die eine Angelegenheit, deretwegen Du gesandt wurdest, unerledigt lässt, ist es, als hättest Du gar nichts erreicht. Genauso kommt der Mensch auf die Welt, um eine ganz bestimmte Aufgabe zu erfüllen, das ist sein Lebenszweck. Erfüllt er sie nicht, hat er versagt.«[109]

Wir haben Gaben mitbekommen, vielleicht einen scharfen Verstand, die Fähigkeit für Zuneigung, die Fähigkeit, ein gutes Gespräch führen zu können, oder wir sind handwerklich geschickt. Diese Gaben sollten wir nutzen, ausbilden, zum Wohle für uns und die anderen.

Jesus hat hierzu das Gleichnis von den Talenten[110] erzählt. Drei Diener bekamen von ihrem Herren Talente zur Aufbewahrung, bis er wieder komme. Zwei Diener vermehrten ihre Talente, der eine nur etwas, der andere viel, der letzte aber grub sie ein und hatte bei Wiederkunft seines

Herrn nicht mehr Talente als bei dessen Abreise. Dieser Diener wurde gescholten.

Auch uns wird es so ergehen, wenn wir unsere Talente nicht mehren, nicht zum Wohl der anderen einbringen.

Im Buddhismus sind Aufgaben auf Erden formuliert, die wir zu bestehen haben. Haben wir auf Erden nicht genug gelernt, kommen wir wieder, immer wieder, bis es endlich so weit ist und wir ins Nirwana eingehen.

Neben der Erfüllung unserer Aufgabe auf Erden ist noch etwas sehr wichtig für unser Leben: Gott zu suchen und zu ehren. Im Neuen Testament heißt es, der Mensch lebt nicht nur vom Brot allein, sondern von jedem Wort, das aus dem Munde Gottes kommt.[111]

Man könnte auch sagen, dass tief in unserer Seele ein religiöses Verlangen herrscht, den Kontakt zu Gott herzustellen. Nur das gibt uns Frieden. Es ist somit wichtig für uns zu beten, damit wir zur Ruhe kommen.

Die Mystiker aus dem Mittelalter, so Meister Eckhart, sagen, dass wir Gott in uns finden können – in der Seele. Die Seele ist ein Abbild Gottes, er schuf sie nach seinem Ebenbild – und sie geht auch wieder heim zu ihm. Jede Religion kann man als Verhaltenskodex bezeichnen, der uns sagt, wie wir uns verhalten sollen, wie wir, d. h. unsere Seele, wieder zu Gott zurückkommen kann. Im Buddhismus glaubt man zwar nicht an einen Gott, doch auch daran, dass die Seele, oder der Geist, gewisse Entwicklungsstufen durchlaufen muss, um zur Vollkommenheit zu gelangen. Wer sitzt dann im Nirwana: Buddha und die erleuchteten Seelen. Auch das kann man als Himmel bezeichnen.

Glück bedeutet, dass unsere Seele glücklich ist, dass wir Gutes tun, und unserer Aufgabe auf Erden nachkommen.

Sicherlich sollen wir auf Erden auch »leben«. Wir sollen uns und unserem Körper eine Freude bereiten. Dazu gehören sicherlich Sexualität, ein gutes Essen, sich auch einmal »hängen« zu lassen. Denn wozu haben wir einen Körper? Sicherlich nicht nur, um zu arbeiten. Wir sollen sicherlich unseren Körper, die »Wohnstatt« unserer Seele auf Erden, auch pflegen. Hierzu gehört auch verantwortungsvoll gelebte Sexualität. Nicht abgleiten sollen wir in eine Sucht und Ausschweifungen.

Wie schreibt so schön Augustinus: »Lerne tanzen, denn was sollen sonst die Engel mit dir im Himmel anfangen.«[112] Das Wort »Tanzen« ließe sich ersetzen durch »Spielen«, »Musizieren«, »Malen«, »Diskutieren«, »Gedichte schreiben«. Gerade das Spiel birgt eine nicht zu unterschätzende Kraft. Man braucht den anderen für das Spiel, und zu einem guten Spiel gehört der gegenseitige Respekt, dass keiner frustriert oder todtraurig den »Spieltisch« verlässt. Das Spiel ist somit ein Mittel, um Mitgefühl zu erlernen. Auch Tolstoj lässt in seinem Roman »Krieg und Frieden«, in dem es um Russland zu Zeiten der napoleonischen Eroberungskriege geht, seinen Pierre, einem etwas unbeholfenem Erdenbürger, sagen, als ihn Fürst Bolkonski, ein hoher Offizier fragt, was er denke, was der Sinn des Lebens sei. »Wir müssen leben, wir müssen lieben, wir müssen glauben, dass wir nicht nur heute auf diesem Stückchen Erde leben, sondern immer gelebt haben und ewig leben werden, dort, im All« (er wies in den Himmel).

Also, wir dürfen uns auch selbst Freude bereiten.

Jesus sagte: Ich aber bin gekommen, um das Leben in ganzer Fülle zu schenken.[113] Man sollte also versuchen, nach den Regeln des Neuen Testamentes zu leben, und testen, ob sich das »Leben in Fülle« einstellt. Ich habe keinen Zweifel.

Über die Bedeutung der Liebe schreibt der Heilige Apostel Paulus[114]: »Wenn ich mit Menschen- und mit Engelszungen redete, und hätte der

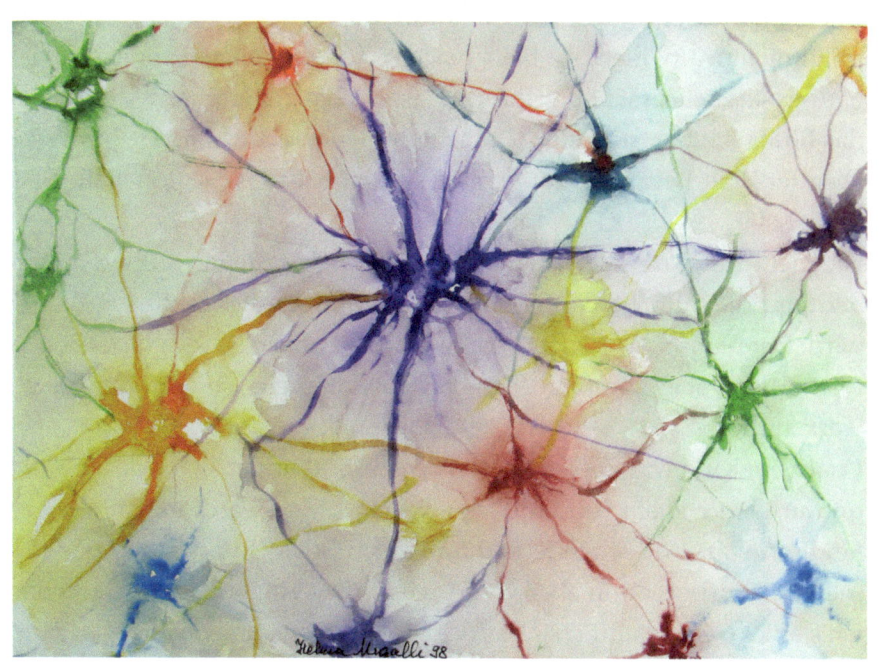

Helma Megalli

Liebe nicht, so wäre ich ein tönend Erz oder eine klingende Schelle. Und wenn ich weissagen könnte und wüsste alle Geheimnisse und alle Erkenntnis und hätte allen Glauben, also dass ich Berge versetzte, und hätte der Liebe nicht, so wäre ich nichts. Und wenn ich alle meine Habe den Armen gäbe und ließe meinen Leib brennen, und hätte der Liebe nicht, so wäre mir's nichts nütze.

Die Liebe ist langmütig und freundlich, die Liebe eifert nicht, die Liebe treibt nicht Mutwillen, sie blähet sich nicht, sie stellet sich nicht ungebärdig, sie suchet nicht das Ihre, sie lässt sich nicht erbittern, sie rechnet das Böse nicht zu, sie freut sich nicht der Ungerechtigkeit, sie freut sich aber der Wahrheit; sie verträgt alles, sie glaubet alles, sie hoffet alles, sie duldet alles.

Die Liebe höret nimmer auf, so doch die Weissagungen aufhören werden und die Sprachen aufhören werden und die Erkenntnis aufhören wird. Denn unser Wissen ist Stückwerk, und unser Weissagen ist Stückwerk. Wenn aber kommen wird das Vollkommene, so wird das Stückwerk aufhören.

Da ich ein Kind war, da redete ich wie ein Kind und dachte wie ein Kind und urteilte wie ein Kind; da ich aber ein Mann ward, tat ich ab, was kindisch war. Wir sehen jetzt durch einen Spiegel und sehen nur rätselhafte Umrisse, dann aber von Angesicht zu Angesicht. Jetzt erkenne ich's stückweise; dann aber werde ich erkennen, gleichwie ich erkannt bin.

Für jetzt bleiben Glaube, Hoffnung, Liebe, diese drei; aber die Liebe ist die Größte unter ihnen.«

Dieser Einschätzung des Apostels Paulus ist nichts mehr hinzuzufügen. Die Liebe ist das Maß aller Dinge und bleibt auf ewig bestehen – da Gott ja die Liebe ist.

Die Chance des Alters

Die Frage ist nun, welche Bedeutung das Alter für uns haben kann. Im Alter versagen unsere Kräfte, wir sind immer mehr auf die Hilfe anderer angewiesen. Man kann sich nicht mehr bücken, um die Schuhe zuzubinden und man kann sich vielleicht nicht mehr selbstständig anziehen. Mancher braucht Hilfe beim Waschen oder bei Verrichtung der Notdurft. Schlimm wird es, wenn man dement wird. Am schlimmsten ist es, wenn man diesen Prozess mitbekommt, also merkt, wie das Gedächtnis nachlässt, man sich Gedanken machen muss, wie man den anderen nicht zur Last fällt, wie es sein wird, wenn man völlig hilflos ist.

Auch bekommt man seine Alterskrankheiten, man hat seine Gelenksarthrosen, d. h., die Gelenke sind verschlissen, man kann nicht mehr so weit gehen, Gehen ist mit Schmerzen verbunden, der Rücken tut weh, mancher kann nicht mehr ohne Schmerzen schlafen. Der eine muss jeden zweiten Tag zur Dialyse, zur Blutwäsche, Dauer vier Stunden, der andere liegt nach einem Schlaganfall im Bett und kann sich nicht mehr bewegen. Manch einer musste jahrelang auf die Decke starren.

In diesem Lebensabschnitt ist man notwendigerweise dazu gezwungen, Demut zu lernen – man ist auf die Hilfe anderer angewiesen. Man bekommt die Erkenntnis, dass man Hilfe braucht, und man kann froh sein, wenn man diese Hilfe bekommt. Man wird auf die essenziellen Bedürfnisse des Menschen zurückgeworfen, Essen, Trinken, Ausscheidung. Der Mensch, der bisher alles selbst regelte, Entscheidungen traf, bekommt eine Position, in der er demütig auf die Hilfe anderer angewiesen ist – und er hat viel Zeit, Zeit zum Nachdenken, denn Zerstreuung gibt es nicht viel. Dies kann für manchen die letzte Gelegenheit sein, Demut zu lernen. Man kann dankbar sein, wenn der schmerzhafte Prozess des Alterns spät beginnt und nicht zu lange dauert. Möglicherweise dürfen Seelen, die ihre Lektion auf Erden bereits in den jüngeren Jahren gelernt haben, eher gehen.

Was bleibt, wenn wir gestorben sind?

Einer Patientin war die Mutter gestorben. Es war ein erwartetes Sterben. Der Vater war schon einige Jahre tot. Die Patientin sagte, dass sie nun die Wohnung ausgeräumt hätte, der Nachlass sei sortiert. Eine Kiste und Fotoalbum wären alles, was von »der Oma« geblieben wären.

Irgendwie klang dies trocken und traurig. Ich konnte dies nicht so stehen lassen, da ich es als nicht richtig empfand. Es drängte sich mir auf, zu sagen: »Die Liebe bleibt. Das ist das, was von einem Menschen bleibt, die Liebe, die er geschenkt hat.« Als ich dies sagte, spürte ich ein warmes Gefühl ums Herz. Es war wie eine Erkenntnis. Die Liebe, die wir gegeben haben, bleibt. Sie wird in den Jahren ihre Aktualität verlieren, aber sie war da und hat zu Veränderungen geführt.

Wenn wir über die Vergangenheit reden, so denken wir an das Gute, das Schöne. Negatives blenden wir aus. Auch die Erinnerungen an Menschen sind von dieser Art der Auswahl geprägt. Wir denken an die schönen Zeiten. Es ist gut so, dass wir automatisch diese Auswahl treffen.

Aber was sind die schönen Zeiten?

Als wir Liebe empfangen und gegeben haben. Je mehr Liebe wir von jemandem empfangen haben, um so reicher ist die Erinnerung an ihn.

Diese Liebe pflanzt sich fort, denn jemand der geliebt wird, kann auch Liebe weitergeben. Insofern könnten wir bereits auf Erden »ewig« leben.

Wenn wir schon wissen, woran wir uns gerne erinnern werden, so ist es sinnvoll, sich viele solcher guter Erinnerungen zu schaffen – und damit sind wir wieder bei der Liebe.

Konsequenzen für uns alle

Die Menschheit ist an einem Scheideweg angekommen. Für einen geringen Profit werden massiv die Ressourcen der Erde geplündert. Es spielt hierbei keine Rolle, wie groß die Umweltschäden sind, wie viele Leute dadurch erkranken, weil die Böden, das Trinkwasser vergiftet werden, oder wie weit wir die Zukunft der Menschheit für die Profitgier weniger aufs Spiel setzen. Ein Beispiel ist hier der Regenwald im Amazonas. Die Eingeborenen dort leben mit der Natur. Nun wird der Wald gerodet, z. B. um Biodiesel zu erzeugen, die Nahrungsgrundlage wird den Tieren entzogen, es kommt zu einem Artensterben. Die Eingeborenen verlieren ihre Lebensgrundlage. Die grüne Lunge der Erde wird vernichtet, jedoch nicht einmal um Nahrungsmittel anzubauen, sondern um den Energiehunger der Industrienationen zu stillen. Die Vielfalt der Arten und damit ein robustes Ökosystem gehen verloren. Dies ist ein großer Schatz, unwiederbringbar, wenn er vernichtet ist. Wasser wird bald zu einem kostbaren Gut werden, die Wasserverschmutzung in manchen Ländern ist enorm. Gift in Abwässern gerät in den Nahrungskreislauf und führt zu Krankheiten. In manchen Ländern gibt es nicht einmal für alle sauberes Wasser zum Trinken. Die Kriege der Zukunft werden nicht mehr um Öl, sondern um Wasser geführt werden.

Der westliche Kapitalismus trachtet danach, alles für einen noch so kleinen Profit zu zerstören. Hauptsache, es ist nicht im eigenen Land, man muss nicht für die Schäden aufkommen, die Kosten der Naturzerstörung tragen die anderen.

Wichtig ist, ein paar Nullen mehr hinter der Eins auf dem Konto zu haben, egal, ob diese noch einen Sinn machen, d. h. zu einer Verbesserung der eigenen Lebensqualität beitragen. Das bezeichnet man als Gier. Das Finanzsystem ist aus dem Lot und führt durch die Niedrigzinspolitik zu einer Verarmung der Bevölkerung, während die Reichen immer reicher werden.

Aus dem Sinn ist die Verantwortung für die Schöpfung, für den Mitmenschen.

Das war nicht immer so.

Gab es schon einmal eine solch hemmungslose Ausbeutung unseres Lebensraumes? Ja! Immer sind die Kulturen daran zugrunde gegangen. Die Böden waren dann versteppt, der Humus im Winde verweht, das Trinkwasser durch die Versteppung nicht mehr vorhanden, die Wälder vernichtet.

Ein Beispiel geben die Maori. Vor Hunderten von Jahren lebten sie auf Neuseeland. Durch rigorose Plünderung der Umwelt hatten sie ihre Lebensgrundlage zerstört, durch rigorose Jagd waren die Vögel, von denen sie lebten, ausgerottet worden. Es gab eine Hungersnot.

Danach wurde konsequenter Umweltschutz betrieben, es durfte nur in bestimmten, von Schamanen freigegebenen Wäldern, gejagt werden. Dadurch wurde sichergestellt, dass sich die Arten vermehren konnten, nicht ausstarben.[115]

Wir wissen, dass der heutige Umgang der Maori mit der Natur vorbildhaft ist. Auch von den Indianern Nordamerikas können wir den

Umgang mit der Natur lernen. Für sie war der Büffel, den sie jagten, der »Bruder«, dem sie nach der Jagd dankten, dass er ihnen sein Fleisch zur Verfügung stellte.

Die kapitalistische Gesellschaft ist an einem Scheideweg. In der Weissagung der Cree-Indianer[116] heißt es:

»Erst wenn der letzte Baum gerodet, der letzte Fluss vergiftet, der letzte Fisch gefangen ist, werdet ihr merken, dass man Geld nicht essen kann."

Hoffen wir, dass die Menschheit eine Entwicklung zu einem friedlichen Miteinander mit der Natur und dem Nächsten nimmt, und dass dieser schmerzhafte Reinigungsprozess unsere Kräfte nicht überfordert.

Pragmatische Empfehlungen für eine positive Lebensführung

Wie soll man dann leben, um das Leben in Fülle zu haben, wie es Jesus sagte. Welche Empfehlungen gibt das Neue Testament? Welche Empfehlungen gibt es in der Literatur, geben uns Schriftstellern und Philosophen?

Man muss stets seine Verbindung zu Gott halten. Dies gelingt über die Seele. Deswegen müssen wir die Seele pflegen, versuchen, von ihr Schaden abzuwenden, uns um sie kümmern, dass sie strahlen kann, es ihr gut geht.

Alles bedarf seiner Pflege, sonst verkümmert es.

Wenn manche jeden Samstag ihr Auto polieren, um wie viel mehr sollten wir uns um den Glanz der Seele kümmern. Die Bedeutung und den Nutzen des Neuen Testamentes oder der buddhistischen Lehre hierfür, religiöse Schriften, die ich kenne, habe ich bereits angeführt. Andere Religionen führe ich nur aus mangelndem Wissen nicht an, da ich nicht ausreichend über deren Lehre Bescheid weiß.

Die Seele ist die direkte Verbindung zu Gott und von Haus aus gut. Wenn wir uns um sie kümmern, können wir nichts falsch machen – es geht dann alles wie von selbst. Die Liebe, die das Wichtigste im Leben ist, gelangt direkt von Gott durch die Seele zu uns, zu unserem Ich, unserem Bewusstsein.

Gibt es sonst noch Empfehlungen für eine positive Lebenseinstellung, gerade in unserer Zeit, in der die Umwelt zerstört wird, die gesellschaftlichen und menschlichen Werte ausgehöhlt werden, wie Verantwortung, Disziplin, Fleiß, Rechtschaffenheit, Ehre, Familie?

Es gab Zeiten, in denen Tugenden etwas bedeuteten, so im hohen Mittelalter, ca. 1000 n. Chr., als die Ritter einen Ehrenkodex hatten, und es galt, diesem nachzueifern. Dazu gehörten Milde, Ehre, Treue, Minnedienst, Mut. Die Milde gegenüber dem Unterlegenen, die Ehre, die Treue gegenüber dem Lehnsherrn, der Minnedienst, eine romantische Liebe gegenüber den Frauen, Mut im Turnier, Verantwortung und Hilfe für die Schwachen – wie gut könnten wir jetzt diese Tugenden gebrauchen.

Es gibt viele Probleme auf der Welt, Hunger, Verfolgung, wirtschaftliche Ausbeutung. Die Verantwortlichen sind unfähig, diese zu lösen.

Wie kann man da noch eine positive Lebenseinstellung behalten?

Gewiss geht es nicht durch »Mitschwimmen« auf dieser Welle.

Jesus Christus hat seinen Finger in die gesellschaftlichen Wunden gelegt, hat die Missstände angesprochen, wie sein Cousin Johannes der Täufer, der dann von König Herodes enthauptet worden ist.

Ein Leben in Fülle ist auch ein Schwimmen gegen den Strom. Diese Erkenntnis mussten immer wieder herausragende Männer und Frauen machen. Thomas Morus[117] wurde dafür, dass er Heinrich VIII[118] von England nicht als Kirchenoberhaupt anerkannte, das selbstgefällig Ehen annullieren konnte, in den Kerker gesteckt und enthauptet. Thomas Becket[119] bot als Erzbischof dem englischen König Heinrich II.[120] im 12. Jahrhundert die Stirn, als er für die alleinige Zuständigkeit der Kirche für kriminelle Kleriker eintrat. Er wurde von Attentätern in der Kathedrale von Canterbury ermordet.

Es gibt viele Kleinigkeiten in unserem Leben, bei denen wir Flagge zeigen können: Noch einmal auf jemanden zugehen, eintreten für jemanden, der ungerecht behandelt wird. Daran wachsen wir, dadurch bekommt unser Leben einen tieferen Sinn.

Buddha sah in der Begierde die Ursache allen Leids. Man muss die Begierde bekämpfen, dann wird man frei. Erst dann können wir uns um die Weiterentwicklung der Seele kümmern, unsere wichtigste Aufgabe auf Erden.

Auch die Angst ist schlecht, sie sollte »beiseitegelegt« werden. Angst lähmt – wir handeln nicht mehr. Durch übermäßige Angst wird nichts besser, im Gegenteil, wir verlieren die Fähigkeit aktiv zu sein. Wir müssen unseren Weg gehen, ohne Angst. Nicht umsonst heißt es oft im Neuen Testament: »Fürchtet Euch nicht!«

Weiterhin sollte man sich seinen Humor behalten. Humor ist ein Zeichen von Intelligenz, denn nur wer Humor hat, kann sich selber auf den Arm nehmen. Wie sagt Wilhelm Raabe[121]: »Humor ist der Schwimmgürtel auf dem Strom des Lebens«. In einem anderen Sprichwort heißt es: »Der Humor ist der Regenschirm der Weisen«.[122] Das Leben ist mit

Humor viel besser zu ertragen. Man bleibt lockerer, nimmt sich und die anderen nicht so ernst. Wie es kommt, so kommt's, sagt der Rheinländer.

Worauf sollten wir sonst noch achten? Auf ein frohes Gemüt!

Wie schreibt Friedrich Schiller, unser großer Dichter:

> Ein frohes, heiteres Gemüt ist die Quelle alles Edlen und Guten
> Kleine, düstere Seelen,
> die nur die Vergangenheit betrauern und die Zukunft fürchten
> sind nicht fähig
> die heiligsten Momente des Lebens zu fassen, zu genießen und zu
> wirken, wie sie sollten. Erinnerung scheint ihnen nicht süße und
> Zukunft nicht tröstend.[123]

Wir sollten versuchen, die heiligsten Momente des Lebens fassen zu können. Das gibt uns Mut und Zuversicht, Kraft für zukünftige Aufgaben.

Auch sollten wir nicht Trübsinn blasen, sondern uns von der Freude anstecken lassen, nach Friedrich Schiller in seiner »Ode an die Freude«[124] eine himmlische Kraft.

Wie heißt es in der ersten Strophe:

> Freude, schöner Götterfunken,
> Tochter aus Elysium
> Wir betreten feuertrunken
> Himmlische, dein Heiligtum
> Deine Zauber binden wieder
> was die Mode streng geteilt
> Alle Menschen werden Brüder
> Wo dein sanfter Flügel weilt.

Die Wichtigkeit der Freundschaft oder einer guten Partnerschaft wird in der zweiten Strophe beschrieben.

> Wem der große Wurf gelungen,
> Eines Freundes Freund zu sein,
> Wer ein holdes Weib errungen,
> Mische seinen Jubel ein!
> Ja, wer auch nur eine Seele
> Sein nennt auf dem Erdenrund'–
> Und wer's nie gekonnt, der stehle
> Weinend sich aus diesem Bund.

In seinem Gedicht »Die Bürgschaft«[125] betont Schiller die Bedeutung von Treue und Freundschaft, dass sie kein »leerer Wahn« sind. Es bürgt der eine mit seinem Leben, damit der andere die Schwester bei der Vermählung dem Bräutigam übergeben kann. So spricht der Angeklagte, der das Volk vom Tyrannen Dionys durch ein Attentat mit dem Messer befreien wollte:

> »Ich bin«, spricht jener, »zu sterben bereit
> Und bitte nicht um mein Leben:
> Doch willst du Gnade mir geben,
> Ich flehe dich um drei Tage Zeit,
> Bis ich die Schwester dem Gatten gefreit;
> Ich lasse den Freund dir als Bürgen,
> Ihn magst du, entrinn' ich, erwürgen.«

Bei der Rückkehr von der Hochzeit kommt er wegen einem Unwetter, das die Brücke über einen Fluss wegspült, in zeitlichen Verzug. Er schwimmt in Verzweiflung durch den Fluss und kommt zur Stadt. Er sieht Schreckliches:

...
Und die Sonne geht unter, da steht er am Tor,
Und sieht das Kreuz schon erhöhet,
Das die Menge gaffend umstehet;
An dem Seile schon zieht man den Freund empor,
Da zertrennt er gewaltig den dichten Chor:
»Mich, Henker«, ruft er, »erwürget!
Da bin ich, für den er gebürget!«

Und Erstaunen ergreifet das Volk umher,
In den Armen liegen sich beide
Und weinen vor Schmerzen und Freude.
Da sieht man kein Augen tränenleer,

Am Schluss muss sogar der »böse« Tyrann Dionys einsehen, dass die
Treue kein leerer Wahn ist.

...
Und zum Könige bringt man die Wundermär';
Der fühlt ein menschliches Rühren,
Lässt schnell vor den Thron sie führen,

Und blicket sie lange verwundert an.
Drauf spricht er: »Es ist euch gelungen,
Ihr habt das Herz mir bezwungen;
Und die Treue, sie ist doch kein leerer Wahn –
So nehmet auch mich zum Genossen an:
Ich sei, gewährt mir die Bitte,
In eurem Bunde der dritte!«

Wie können wir ein Leben führen, bei dem wir nicht bei jeder Ver-
suchung unsere Vorsätze fallen lassen? Wie können wir Sicherheiten
einbauen, dass wir keine schlechten Handlungen ausführen?

Hier gibt uns ein chinesisches Sprichwort eine große Hilfe:

Achte auf Deine Gedanken! Sie sind der Anfang Deiner Taten.[126]

Wenn wir nur »Gutes« denken, kommen wir auf keine schlechten Gedanken – und damit entstehen keine schlechten Handlungen. Schlechte Gedanken kann man als solche erkennen und bekämpfen. Als zweiten Effekt sammelt man positives Karma. Man lädt sich positiv auf. Gutes gebiert Gutes. Das Übel wird an der Wurzel gepackt.

Man muss also ständig an seiner Charakterbildung arbeiten.

Dass Gedanken den Menschen prägen, kann man an den verschiedenen Berufen sehen. Ärzte sind leichtgläubig, glauben, dass auch Vertreter, Geldanlageberater, ihnen die Wahrheit sagen. Folglich werden Ärzte sehr leicht von Finanzhaien betrogen.

Andere Erfahrungen macht der Polizist mit seinem Nächsten. Für den Polizisten ist es die Erfahrung, belogen zu werden. Ein Dieb wird ihm nicht die Wahrheit sagen. Somit wird er ein negatives Bild von seinem Nächsten haben. Er wird misstrauisch durch die Welt gehen.

Auch jemand der nur Krimis liest, erwartet eher etwas Schlechtes vom Nächsten.

Vielleicht werden die Misstrauischen etwas weniger oft betrogen, aber dafür haben sie weniger Lebensqualität, werden sie weniger oft erleben, dass ihnen jemand unverhofft etwas Gutes tut.

Eine Krise ist auch eine Chance

Nur wenn die Krise groß genug ist, ist man bereit, etwas zu verändern, ist man bereit, seine Bequemlichkeit, »den Fernsehsessel« zu verlassen. Man hat die Chance, wieder mal über alles nachzudenken und zu verändern, was man schon längst hätte tun sollen.

Man kann jeder Situation etwas Positives abgewinnen. Dies heißt nicht, dass man sich die größten Katastrophen schön reden soll, aber eine Krise kann eine Veränderung in unserem Leben bewirken, die dann zu einem viel fruchtbarerem Leben führt. Die Nahtoderlebnisse sind dafür ein Beispiel.

Die Chinesen haben das gleiche Schriftzeichen für »Krise« und »Chance«.[127] Wir können nicht beurteilen, ob ein Ereignis für uns gut oder schlecht ist. Ein Glück kann sich als Unglück herausstellen, ein Unglück als Glück.

Hierzu die Geschichte vom chinesischen Bauern:[128]

In einem chinesischen Dorf lebte ein Bauer, der ein prächtiges Pferd besaß. Alle beneideten ihn um dieses Pferd. Wenn sie ihn trafen, sagten Sie zu ihm: »Was hast Du für ein Glück mit diesem Pferd.« Doch der Bauer antwortete gelassen: »Ob es Glück ist? Wer weiß es?«

Eines Tages lief ihm das Pferd davon. Nun kamen die Menschen im Dorf und sprachen ihr Mitleid aus: »Was hast Du für ein Pech.« Doch der Bauer antwortete gelassen: »Pech oder Glück? Gut oder schlecht? Wer weiß es?«

Einige Tage später war das Pferd plötzlich wieder da. Mit ihm im Gefolge kamen drei Wildpferde. Die Dorfbewohner rieben sich die Augen und waren sehr verwundert: »Was hast Du für ein Glück!« Wieder antwortete der Bauer: »Pech oder Glück? Gut oder schlecht? Wer weiß es?«

Der Bauer hatte einen Sohn. Dieser versuchte am nächsten Tag, eines der Wild-

pferde zu reiten. Dieses warf ihn ab und dabei brach sich der Sohn ein Bein. Die mitfühlenden Dorfbewohner spendeten erneut ihr Mitleid: »Was hast Du für ein Pech. Jetzt kann Dein Sohn Dir nicht bei den Feldarbeiten helfen. Du musst nun ganz allein alles schaffen.« Aber der Bauer erwiderte nur: »Pech oder Glück? Gut oder schlecht? Wer weiß es?«

Am nächsten Morgen kamen die Soldaten des Kaisers ins Dorf. Sie rekrutierten junge gesunde Männer für die Armee, die für den Kaiser in den Krieg ziehen sollte. Als sie den Sohn des Bauern mit seinem gebrochenen Bein sahen, ließen sie ihn im Dorf zurück. Die anderen jungen Männer des Dorfes mussten mit den Soldaten in den Krieg ziehen und kamen nie wieder zurück.

Glück wurde zu Unglück, Unglück zu Glück.

Entschleunigung

Wichtig ist auch, dass wir uns von der Hektik der heutigen Zeit abkoppeln – uns Zeit nehmen. »Entschleunigen« ist hier das Zauberwort. Wir müssen uns Zeit nehmen. Alles braucht seine Zeit, ob wir ein gutes Gericht kochen, eine gute Arbeit schreiben, ein Spiel üben, für ein Kind da sein wollen. Immer müssen wir uns die Zeit dafür nehmen. Ansonsten machen wir alles – und gar nichts.

In einem irischen Gedicht[129] wird gesagt, wofür man sich Zeit nehmen sollte, wie man leben sollte. Für sehr wichtig halte ich, dass man sich Zeit nimmt für das Spielen. Es ist nicht nur das Geheimnis der Jugend, wie es dieses Gedicht sagt. In einem wahren Spiel sind die wichtigsten Spielgründe die Freude am Spiel und die Begegnung mit dem Anderen. Zum Spiel gehören immer Mitgefühl, Respekt und Fairness, es ist eine Schulung des Mitgefühls. Erfüllt man dies nicht, so wird man bald keinen mehr zum Spielen haben.

Wofür soll man sich nun Zeit nehmen? Hier das Gedicht:

Nimm Dir Zeit, um zu arbeiten, es ist der Preis des Erfolges.
Nimm Dir Zeit, um nachzudenken, es ist die Quelle der Kraft.
Nimm Dir Zeit, um zu spielen, es ist das Geheimnis der Jugend.
Nimm Dir Zeit, um zu lesen, es ist die Grundlage des Wissens.
Nimm Dir Zeit, um freundlich zu sein, es ist das Tor zum Glücklich sein.
Nimm Dir Zeit, um zu lieben, es ist die wahre Lebensfreude.
Nimm Dir Zeit, um froh zu sein, es ist die Musik der Seele.

Dem ist nichts mehr hinzuzufügen:

Vielleicht ist im Spiel etwas von dem, das die Tibeter »rigpa«[130] nennen. Für die Buddhisten in Tibet war es ein Meditationsziel, einen Zustand zu erreichen, bei dem Aufmerksamkeit da ist, aber noch kein zielgerichteter Wille, kein Wunsch. Dieser Zustand ist der Zustand zwischen zwei Gedanken. Es ist ein Zustand ohne Gier, ohne Zielrichtung, ohne etwas zu wollen, nur ein Zustand des »Seins« und der Zufriedenheit mit sich selbst. Auch im Spiel sind wir nur im Jetzt, in der Freude. Außer Gewinnen wollen wir nichts. Es interessiert uns kein Außen, keine Zukunft, keine Vergangenheit – nur das Spiel und die Gemeinschaft.

Einzelspiele sind hier nicht gemeint, sie führen nur zu einem Rückzug auf sich selbst, ein Einfühlen in den anderen ist hier nicht nötig und möglich.

Alarmglocken sollten schrillen, wenn sich eine Sucht entwickelt. Sie hält uns von der Stille, die Gott ist, fern. Wir können dann Gott nicht mehr hören, im Getöse unseres sinnlosen Tuns, das immer lauter und lauter wird. Je mehr wir uns in der Sackgasse der Sucht verirren, umso unglücklicher werden wir. Unsere Anstrengungen werden mehr, aber frustraner, und führen nur zu noch mehr Leid und Verblendung. Durch die Sucht geraten wir immer tiefer in diese Sackgasse hinein. Dem müssen wir entschieden entgegentreten. Buddha sah in der Begierde den Anfang allen Leides. Sucht ist nichts anderes als Begierde, allerdings schon eine Stufe weiter, die Begierde ist zum Selbstzweck geworden. Man hat Scheuklappen auf – alles dreht sich nur noch um die Befriedigung der Sucht.

Am wichtigsten sind für Tolstoj »Wahrheit und Tugend.«

In seinem Roman »Krieg und Frieden« lässt er Pierre sagen:

»Wenn es einen Gott und ein zukünftiges Leben gibt, …so gibt es auch Wahrheit und Tugend; und das höchste Gut des Menschen besteht in dem Streben, die Wahrheit und die Tugend zu erreichen.«[131]

Warum ist »Wahrheit« so wichtig?

Ohne Wahrheitsliebe ist eine Bestimmung des eigenen Standpunktes nicht möglich. Man macht sich etwas vor, beschönigt, so wie der Alkoholiker, der sich alles zurechtbiegt. Er trinkt, weil er etwas geschafft hat, er trinkt, weil ihn keiner mag und er trinkt, weil es gerade so schön ist. Wenn ich etwas an mir ändern will, muss ich genau wissen, wo ich stehe, was ich richtig und falsch mache. Dann ist es möglich, einen realistischen Plan zu entwickeln, wie man es besser machen kann.

Als zweites »höchstes Gut« nennt Tolstoj die »Tugend«.

Was ist das? – Es ist »moralisch hochwertiges Handeln.«[132]

Aus der Vielzahl der Tugenden ragen die »Kardinaltugenden«[133] hervor: Klugheit, Gerechtigkeit, Tapferkeit und Maß.

»Klugheit meint die Anwendung von Wissen und die Wahl von Mitteln, um in einer konkreten Situation gut zu handeln.

Gerechtigkeit ist die Tugend, Gott und dem Menschen zu geben, was ihnen gebührt. Sie lehrt, die Rechte eines jeden zu achten und das Gemeinwohl zu fördern.

Tapferkeit ist die Fähigkeit, in Krisen und gegen Widerstände am Guten und an der Wahrheit festzuhalten.

Maß halten heißt, achtsam die Balance zwischen einem »zu viel« und einem »zu wenig« in allem Handeln zu suchen, damit es zum Guten führt. Die Mäßigung bewahrt vor Gier und Abhängigkeit, sie schenkt innere Freiheit und Besonnenheit.«

Die Beschreibung der Kardinaltugenden habe ich dem Gotteslob entnommen.

Für Aristoteles war die Tugend der »Weg zur Glückseligkeit«[134.]

Interessant ist, dass auch im Christentum, wie schon bei Buddha, vor der »Gier« gewarnt wird. Im Buddhismus ist sie auch noch Ursache allen Leides. In der Lehre der katholischen Kirche wird die Gier der »Maße« gegenübergestellt. Durch »Maße« werden Gier und Sucht im Zaum gehalten, wird der Irrweg in die Sackgasse verhindert. Hippokrates sagte: »Die Gier ist die Quelle des Elends, der Sorgen und des Kummers.«[135] Ausgangspunkt der Tugendlehre waren die philosophischen Schulen der Antike. Von dort fanden diese Gedanken Zugang zu den Religionen.

Anhang: Eigene Erfahrungen

Wenn man nun an einen Plan für das Leben glaubt, so sollte er sich auch im eigenen Leben widerspiegeln.

Aufgewachsen bin ich als Einzelkind, wurde von der Oma mütterlicherseits in den ersten vier Jahren erzogen. Es war eine sehr schöne Zeit. Meine Oma hatte sieben Kinder, von denen der Jüngste zwölf Jahre älter war als ich. Der Onkel war quasi der »große Bruder«. Wir machten Ausflüge in die Wälder oder zu den Weihern. Es war die Zeit des Wiederaufbaus nach dem 2. Weltkrieg, das Wirtschaftswunder boomte, doch trotzdem versuchte man, sich noch so weit wie möglich selbst zu versorgen. Auf dem kleinen Grundstück um das Haus hatten wir Hühner, Gänse und auch ein Hausschwein. Es gab viele Kinder, man schloss sich zu einer »Bande« zusammen, und lernte dort erste soziale Regeln, was Verlässlichkeit, Treue bedeuten. In der Schule lief es ganz gut, ich besuchte das Gymnasium, hatte aber leider in der Abiturklasse mein schlechtestes Jahr. Mein Abitur war zwar mit 2,2 im Schnitt ganz gut, aber ich hatte wegen des Numerus clausus meine Einschränkungen. Medizin hätte ich nie studieren können. Dies war auch anfangs nicht mein Wunsch. Ich dachte, Rechtsanwalt oder Elektrotechnik, da ich in Mathematik schon immer gut war, wären meine Präferenzen. Mein Vater versuchte mir den Beruf als Arzt schmackhaft zu machen, doch so recht gelang es ihm auch nicht. Ich hatte nach dem Abitur Zeit, und vor allem, um nicht ständig irgendwelche Argumente finden zu müssen, warum ich nicht Medizin studieren wollte, machte ich ein Praktikum als Pflegehelfer im Kranken-haus.

Es war eine sehr schöne Zeit im Krankenhaus. Voll ausgebildete Kran-kenschwestern waren damals noch Mangelware, ein Mann im Pflege-beruf war eine Seltenheit, und so durfte man auch verantwortungs-vollere Aufgaben, nach vorheriger expliziter Einweisung, übernehmen. Gerne erinnere ich mich an die Assistenz bei den Verbänden oder beim Gipsen. Damals waren Klosterschwestern als Stationsschwestern ein-gesetzt. Auf der ersten Station, auf der ich eingesetzt war, betete die Ordensschwester am Abend stets das Angelusgebet. Ich erinnere mich heute noch daran, wie plötzlich die Patienten die Zimmertüren einen Spalt öffneten, um das Gebet besser zu hören. Es war verblüffend, denn so »christlich« waren mir die Patienten tagsüber gar nicht vorgekom-men – und sterbenskrank waren auch nur die wenigsten. 1976 war auch keine Zeit, in dem die Kirche oder der Glaube angesehen waren. Protest war Trumpf, alles wurde hinterfragt, Atheismus war modern.

Ca. 1½ Jahre habe ich in der Pflege gearbeitet. Einige Erlebnisse sind mir haften geblieben. So denke ich noch heute an eine Frau, die an Krebs erkrankt war, Mitte 40 war und einen fürchterlichen Todeskampf hatte. Es hatte sie regelrecht im Bett geworfen. Noch am Todestag verzichtete sie darauf, ein Joghurt zu essen, da sie wieder gesund werden wollte. Diese Frau hatte eine Tochter mit ca. acht Jahren. Wahrscheinlich ist sie deswegen so schwer gestorben. Es war schrecklich.

Nachdem mir die Pflege sehr gut gefiel, richtete ich mich darauf ein, nach fünf Jahren Wartezeit mein Medizinstudium zu beginnen. Da er-reichte mich bereits nach einem Jahr ein Anruf von meinem Onkel, dass ich das Medizinstudium aufnehmen könnte. Eine Universität in Mün-chen habe noch Kapazitäten frei, dies wäre nachgewiesen wurden, und

Bewerber, die dies vor Gericht eingeklagt hatten, wären nachgerückt–
darunter auch ich.

Die Universität klagte ihrerseits gegen dieses Urteil, diese Sonderzu-
teilung, und da sie in der höheren Instanz gewann, war nach einem
Jahr Studium mein Studienplatz wieder weg – zusammen mit dem von
100 anderen Kommilitonen. Das war hart. Ich jobbte ein Jahr im Kli-
nikum r. d. Isar als studentische Hilfskraft, und nachdem sich nichts in
Richtung Studienplatz tat, war ich genervt und wolle wissen, wie es nun
weitergehen sollte.

Eine Großtante von mir kannte eine Kartenlegerin, »die es wirklich
könne«. Ich wurde überredet, zu dieser Frau zu gehen. Ich sollte an mein
wichtigstes Anliegen denken und sie legte die Karten. Die Karten gingen auf. Ich fragte sie, wie wahrscheinlich denn es nun wäre, dass die
Karten aufgingen. Sie sagte, wenn nur drei Karten übrig blieben, wäre
es bereits ein gutes Zeichen. Wenn es aufgehe, so sei es sicher, dass ich
einen Studienplatz bekomme. Ich würde auch nie finanzielle Probleme
haben, mein Leben würde ohne Katastrophen verlaufen – aber eine Frau
vom Land würde mir richtig Ärger machen.

Binnen zwei Monaten erhielt ich dann die Zusage für zwei Studien-
plätze, einen in München und einen in Köln zum Quereinstieg. Für
den Münchner Studienplatz hatte ich sogar schon eine Absage erhalten gehabt, er war im Rahmen der Länderquote, d. h., man musste sich
nach Studium verpflichten, in Stellen zu arbeiten, die nicht so begehrt
waren, wie psychiatrische Krankenhäuser, Gefängnisse oder Gesund-
heitsämter. Aber da zwei Bewerber nach der Zuteilung abgesagt hatten und das Kontingent für die Studienanfänger zusätzlich aufgestockt
wurde, wurde ich doch noch genommen.

Ich sollte später in die Psychiatrie nach Mainkofen. So recht begeistert
war ich davon nicht, aber Hauptsache, ich konnte mal Medizin studie-

ren. Als ich dann in Mainkofen anfing, war ich anfangs sehr skeptisch, aber nach einem halben Jahr war ich heilfroh um meine Stelle. Während andere 150 Bewerbungen schreiben mussten, um einen 1½ Jahresvertrag zu bekommen, hatte ich eine Dauerstellung, hätte ich in Mainkofen bis zum Lebensende bleiben können, konnte mir ein Haus kaufen, auf Schulden, aber das war kein Problem, da ich einen unbefristeten Vertrag hatte. Ich musste nicht mehr umziehen, und meine Kinder konnten Grundschule und Gymnasium in einem Landkreis absolvieren. Nach zwölf Jahren Mainkofen war meine Pflichtzeit um und ich war Facharzt für Psychiatrie, Facharzt für Neurologie, Psychotherapeut, Sportmediziner, Akupunkteur und Arzt für Naturheilverfahren. Die Fortbildungen waren mir von der ärztlichen Leitung großzügig gewährt worden. Auch Wissen in traditioneller chinesischer Medizin hatte ich mir angeeignet.

Nach zwölf Jahren ergab sich eine Konstellation, bei der ich den Sitz für einen Nervenarzt bekommen konnte, d. h. ich mich als Nervenarzt niederlassen konnte. Es war ein neuer Arztsitz geschaffen worden und niemand hatte es so recht mitbekommen. Ich bewarb mich dafür und bekam die Zulassung als Neurologe und Psychiater. Wenn etwas so leicht, so geschmiert ging, das war nicht normal. Auch wenn ich meine Bedenken hatte, ich scheue das Risiko, man konnte sich ja auch finanziell ruinieren, machte ich das Wagnis, weil ich es als meine Bestimmung erachtete. Meine Frau unterstützte mich sehr. Kollegen rieten mir gut zu. Die ganze Konstellation betrachtete ich als Gottes Fügung.

So fing ich als niedergelassener Nervenarzt an, und die wundersame Fügung ging weiter. Die erste Zeit war nicht leicht. Wir hatten unser ganzes Geld in die Praxis investiert, und es gab anfangs Tage, an denen nicht viel los war. Ich erinnere mich noch nach einem Jahr an den Tag vor Allerheiligen, als ich gerade zwei Patienten am Vormittag hatte. Da dachte ich: Jetzt kannst du dir ausrechnen, wann du pleite bist.

Später lernte ich, dass vor Allerheiligen nie viel los ist. Ein niedergelassener Hausarzt unterstützte mich sehr und bereits im ersten Quar-
tal (dies ist der Abrechnungszeitraum, für den eine Bezahlung erfolgt)
hatte ich genug Einnahmen, um davon leben zu können. Das war von
großer Bedeutung für mich, da finanzielle Sicherheit für mich sehr wichtig ist. Zwei Quartale im Minus hätte ich sicherlich nicht durchgestan-
den – obwohl, wie ich später erfuhr, ein Defizit in den ersten beiden
Quartalen normal ist. Da ich auch Psychotherapeut bin, besprach ich in
der ersten Zeit meine Therapien mit einem erfahrenen Kollegen – ich
musste Gutachten schreiben, um eine Therapie genehmigt zu bekommen, das war nicht so einfach. Hier gab mir der erfahrene Kollege Tipps.
Es wurde aber nicht nur meine Therapie supervidiert, sondern auch ich
wurde unterstützend therapiert – es wurde mir Zuversicht übermittelt,
Kraft gegeben. Dafür bin ich heute noch dankbar.

Es ist eine völlig neue Situation in einer Praxis – in der Klinik kann man
sich ständig besprechen, jemanden fragen, in der Praxis ist man völlig
auf sich allein gestellt, auch was den Umgang mit der Standesvertretung
oder den Krankenkassen betrifft. Später haben wir Ärzte aus Mainkofen,
die sich hier vor Ort niedergelassen haben, einen Verein gegründet, in
dem wir uns regelmäßig treffen, und es war sehr beruhigend zu wissen,
dass nicht nur ich Sorgen hatte.

Nach 15 Jahren Praxis bin ich nun gespannt, welche weiteren Aufgaben
auf mich warten. Eine Ahnung habe ich schon. Danken möchte ich an
dieser Stelle meinen Mitarbeitern, die sehr viel dazu beitragen, dass ein
sehr angenehmes Klima in der Praxis herrscht und auch meiner Frau,
die mich immer wieder kräftig unterstützt hat.

Ich gehe sehr gerne in die Arbeit. Mit den Patienten ergibt sich immer
ein abwechslungsreicher Arbeitstag.

Anmerkungen

1. Seite »Ratio«. In: Wikipedia. URL: a.a.O.

2. Fernsehdiskussion 1996 zwischen Philosophen und einem Sprachenforscher über den Begriff »ratio« und dessen Auswirkungen auf die abendländische Wissenschaft und Gesellschaft, zum 400. Geburtstag von Descartes. Genauer Titel und Sendezeit nicht mehr eruierbar.

3. Seite »René Descartes«. In: Wikipedia. URL: a.a.O.

4. Seite »Renaissance«. In: Wikipedia. URL: a.a.O.

5. Seite »Gottfried Wilhelm Leibniz«. In: Wikipedia, a.a.O.

6. Seite »Integralrechnung«. In Wikipedia. URL: a.a.O.

7. Seite »Isaac Newton«. In: Wikipedia. URL: a.a.O.

8. Seite »Gravitation«. In: Wikipedia. URL: a.a.O.

9. Seite »Starke Wechselwirkung«. In: Wikipedia. URL: a.a.O.

10. »Der Himmel ist leer. Vom Anfang und Zweck der bemannten Raumfahrt -50 Jahre Juri Gagarin«. URL: a.a.O.

11. Seite »Friedrich II. (Preußen)«. In: Wikipedia. URL: a.a.O.

12. Seite »Schwarzer Raucher«. In: Wikipedia. URL: a.a.O.

13. Seite »Opium des Volkes«. In: Wikipedia. URL: a.a.O.

14. Seite »Totengericht«. In: Wikipedia. URL: a.a.O.

15. Scite »Hölle«. In: Wikipedia. URL: a.a.O.

16. Evangelische Kirche in Deutschland: Hölle. URL: a.a.O.

17. Seite »Heiliges Römisches Reich«. In: Wikipedia. URL: a.a.O.

18. Seite »Byzantinisches Reich«. In: Wikipedia. URL: a.a.O.

19. Seite »Ludwig XIV.«. In: Wikipedia. URL: a.a.O.

20. Seite »Buddhismus«. In: Wikipedia. URL: a.a.O.

21. Unser Leben – Sein Wort, Das Neue Testament mit Fotos von heute, a.a.O.

22. Seite »Bergpredigt«. In: Wikipedia. URL: a.a.O.

23. Seite »Quantenphysik«. In: Wikipedia. URL: a.a.O.

24. Kohl, Christian Thomas: Quantenphysik trifft Buddhismus. raum& zeit-Interview mit Christian Thomas Kohl, Freiburg, von Detlef Scholz, München. URL: a.a.O.

25. Neal, Mary C.: Einmal Himmel und zurück, a.a.O.

26. Seite »Universum«. In: Wikipedia. URL: a.a.O.

27. Seite »Milchstraße«. In: Wikipedia. URL: a.a.O.

28. Harald Lesch, Prof. für Astrophysik, moderiert Fernsehsendungen, in denen er die Welt zu erklären versucht.

29. Seite »Harald Lesch«. In: Wikipedia. URL: a.a.O.

30. Seite »Äquivalenz von Masse und Energie«. In: Wikipedia. URL:a.a.O.

31. Seite »Physik (Aristoteles)«. In: Wikipedia. URL: a.a.O.

32. Jakoby, Bernard: Gesetze des Jenseits, Botschaften von Gregory

33. Seite »Meister Eckhart«. In: Wikipedia. URL: a.a.O.

34. Teresa von Avila, Die innere Burg, a.a.O.

35. Seite »Benediktiner«. In: Wikipedia. URL: a.a.O.

36. Seite »Zisterzienser«. In: Wikipedia. URL: a.a.O.

37. Seite »Kartäuser«. In: Wikipedia. URL: a.a.O.

38. Hoffmann, Petr, Dr. med.: Psychische Probleme vom Gesichtspunkt der TCM. URL: a.a.O.

39. Platsch, Klaus-Dieter: Psychosomatik in der chinesischen Medizin, a.a.O., S. 52

40. Seite »Mystik«. In: Wikipedia. URL: a.a.O.

41. Die Bibel, a.a.O., Buch der Könige, 1. Buch, Kapitel 19, 11-12

42. Seite »Dietrich Bonhoeffer«. In: Wikipedia. URL: a.a.O.

43. Seite »Von guten Mächten treu und still umgeben«. In: Wikipedia, a.a.O., Strophe 7

44. Unser Leben – Sein Wort, Das Neue Testament mit Fotos von heute, a.a.O., Evangelium nach Matthäus, 25,40

45. Seite »Buddhistische Ethik«. In: Wikipedia. URL: a.a.O.

46. Seite »Todsünde«. In: Wikipedia. URL: a.a.O.

47. Deutschle, Tom, Dr.: Faszination Regenwald. Infocenter-Zerstörung-Agrartreibstoffe. URL: a.a.O.

48. Rettet den Regenwald e.V.: »E10 & Biodiesel. Heft Regenwald Report Nr. 3/12, S. 6. URL: a.a.O.

49. Unser Leben – Sein Wort, Das Neue Testament mit Fotos von heute, Matthäus 6, 25-34

50. Ebenda, Matthäus 6, 9-12

51. Seite »Thomas von Aquin«. In: Wikipedia. URL: a.a.O.

52. Seite »Gottesbeweis«. In: Wikipedia. URL: a.a.O.

53. Seite »Urknall«. In: Wikipedia. URL: a.a.O.

54. Seite »Wärmetod«. In: Wikipedia. URL. a.a.O.

55. Seite »Down-Syndrom«. In: Wikipedia. URL: a.a.O.

56. Unser Leben – Sein Wort, Das Neue Testament mit Fotos von heute, a.a.O., Markus 12,29-31

57. Jacobson, Edmund: Entspannung als Therapie, a.a.O.

58. Unser Leben – Sein Wort, Das Neue Testament mit Fotos von heute, a.a.O., Matthäus 5,44

59. Kügler Sabine: Das Dschungelkind, a.a.O.

60. P.M., www.pm-magazin.de. Genaue Erscheinungsnummer nicht mehr eruierbar

61. Köhler Gerhard: Lehrbuch der Homöopathie, a.a.O.

62. Petersen, Jens-Erik R.: Heile dich selbst mit Bachblüten, a.a.O.

63. Persönliche Mitteilungen, erfahren während der Ausbildung in traditioneller chinesischer Medizin in der Klinik am Steigerwald

64. Seite »Hippokrates«. In: Wikipedia. URL: a.a.O.

65. Psychosomatik (Planet Wissen). URL: a.a.O.

66. Hippokrates: Aphorismen.de. Aphorismen, Zitate, Sprüche und Gedichte. »Es ist vernünftig, von einem Arzt zu erwarten…«. URL: a.a.O.

67. Hippokrates: Zitate zum Nachdenken. »Krankheiten überfallen den Menschen nicht wie ein Blitz…«. URL: a.a.O.

68. Weeks, Nora: Edward Bach, a.a.O.

69. Petersen, Jens-Erik R.: Heile dich selbst mit Bachblüten„ S. 19

70. Petersen, Jens-Erik R.: Heile dich selbst mit Bachblüten„ S. 80 f.

71. Seite »Homöopathie«. In: Wikipedia. URL: a.a.O.

72. Seite »Samuel Hahnemann«. In: Wikipedia. URL: a.a.O.

73. Dokumentation im ZDF über alternative Heilmethoden, Schwerpunkt Geistheiler. Sendezeitpunkt nicht mehr eruierbar.

74. Möller, Laux, Kapfhammer: Psychiatrie, Psychosomatik, Psychotherapie, a.a.O., Bd. 2, S. 424

75. Luborsky,L.: Einführung in die analytische Psychotherapie, a.a.O.

76. Straubinger, Peter Arthur, Film: Am Anfang war das Licht, a.a.O.

77. Seite »Kirlianfotografie«. In: Wikipedia. URL: a.a.O.

78. Sartori, P., Badham, P., Fenwick, P.: A Prospectively Studied Near-Death Experience with Corroborated Out-of-Body Perceptions und Unexplained Healing, a.a.O.

79. Moorjani, Anita: Heilung im Licht, a.a.O.

80. Unser Leben – Sein Wort, Das Neue Testament mit Fotos von heute, a.a.O., Matthäus 4,4

81. Tolstoj, Leo: Die Romane, Krieg und Frieden, a.a.O.

82. Ebenda, S. 168

83. Ebenda, S. 170

84. Seite »Aristoteles Onassis«. In: Wikipedia. URL: a.a.O.

85. Seite »Christina Onassis«. In: Wikipedia. URL: a.a.O.

86. Seite »Kennedy (Familie)«. In: Wikipedia. URL: a.a.O.

87. Unser Leben – Sein Wort, Das Neue Testament mit Fotos von heute, a.a.O., Matthäus, 6, 19-20

88. Petersen, Jens-Erik R.: Heile dich selbst mit Bachblüten, a.a.O. S.35

89. Alexander, Eben: Blick in die Ewigkeit, a.a.O.

90. Neal, Mary C.: Einmal Himmel und zurück, a.a.O.

91. Moody, Raymond A.: 150 Menschen, die einmal im medizinischen Sinne verstorben waren und doch überlebt haben. Berichte über ihr Leben nach dem Tod, a.a.O.

92. Lommel, Pim van: Endloses Bewusstsein, a.a.O.

93. Bernard Jakoby: Literaturangaben 35-48

94. Fischer Stefan: Hieronimus Bosch, a.a.O.

95. Weiterführende Ausbildung in traditioneller chinesischer Medizin auf der Fraueninsel durch Herrn Dr. med. Klaus-Dieter Platsch

96. Unser Leben – Sein Wort, Das Neue Testament mit Fotos von heute, a.a.O., Lukas, 24, 13-35

97. Alexander, Eben, Dr. med.: Blick in die Ewigkeit, a.a.O.

98. Die Bibel, a.a.O., Buch der Könige, 19, 12-13

99. Unser Leben – Sein Wort, Das Neue Testament mit Fotos von heute, a.a.O., Markusevangelium, 12, 29-31

100. Augustinus, Aurelius: Bekenntnisse, a.a.O., S.7

101. Die Bibel, a.a.O., Exodus, Kap. 3 und 4

102. Jakoby, Bernard: Gesetze des Jenseits, Botschaften von Gregory, a.a.O.

103. Evangelium der Maria Magdalena. URL: a.a.O.

104. Unser Leben – Sein Wort, Das Neue Testament mit Fotos von heute, a.a.O., Markus 5,1-20

105. Persönliche Mitteilung von Theodor Megalli

106. Seite »Martin Buber«. In: Wikipedia. URL: a.a.O.

107. Buber, Martin: Zitate.eu. »Jeder ist dazu berufen, etwas in der Welt zur Vollendung zu bringen.«URL: a.a.O.

108. Seite »Dschalāl ad-Dīn ar-Rūmï«. In: Wikipedia. URL: a.a.O.

109. Rinpoche, Sogyal: Das tibetische Buch vom Leben und Sterben, a.a.O., S. 163

110. Unser Leben – Sein Wort, Das Neue Testament mit Fotos von heute, a.a.O., Evangelium nach Matthäus, 25,14-30.

111. Ebenda,. Matthäusevangelium 4,4

112. Augustinus, Aurelius: Zitate-online: »Oh Mensch lerne tanzen...«. URL: a.a.O.

113. Unser Leben – Sein Wort, Das Neue Testament mit Fotos von heute, a.a.O., Johannesevangelium 10,10

114. Unser Leben – Sein Wort, Das Neue Testament mit Fotos von heute, a.a.O., 1 Korinther 13

115. Tourleader Neuseeland: Die Maori in Neuseeland. URL: a.a.O.

116. Häuptling Seattle: Wir sind ein Teil der Erde, a.a.O.

117. Seite »Thomas Morus«. In: Wikipedia. URL: a.a.O.

118. Seite »Heinrich VIII. (England)«. In: Wikipedia. URL: a.a.O.

119. Seite »Thomas Becket«. In: Wikipedia. URL: a.a.O.

120. Seite »Heinrich II. (England)«. In: Wikipedia. URL: a.a.O.

121. Raabe. Wilhelm: »Humor ist der Schwimmgürtel auf dem Strom des Lebens.« URL: a.a.O.

122. Kästner, Erich: Gute Zitate:»Der Humor ist der Regenschirm der Weisen.« URL: a.a.O.

123. Schiller, Friedrich: Aphorismen.de.»Ein frohes, heiteres Gemüt...«. URL: a.a.O.

124. Schiller, Friedrich: Sämtliche Gedichte und Balladen, a.a.O., S. 192

125. Ebenda, S. 19

126. Aphorismen.de. Aphorismen, Zitate, Sprüche und Gedichte.»Achte auf deine Gedanken...«. URL: a.a.O.

127. Schuseil, Petra: LebenstempoBlog. URL: a.a.O.

128. Der chinesische Bauer, Autor unbekannt, 2. Jh. V. Chr. Die deutsche Übersetzung orientiert sich an der Übersetzung von Claude Larre et. al. (1993), nachzulesen z.b. auf www.institut-berlin.de

129. Glücksarchiv.»Nimm dir Zeit...«, nach einem alten irischen Gebet. URL: a.a.O.

130. Rinpoche, Sogyal: Das tibetische Buch vom Leben und Sterben, a.a.O., S.197 ff

131. Tolstoj, Leo: Die Romane, Krieg und Frieden, a.a.O., Band IV, S. 170

132. Seite»Tugend«. In: Wikipedia. URL: a.a.O.

133. Gotteslob, Katholisches Gebet- und Gesangbuch, a.a.O., Kap. 29, Nr. 5

134. Seite»Tugend«. In: Wikipedia. URL: a.a.O., S.1

135. Hippokrates: Gute Zitate:»Die Gier ist die Quelle des Elends...«. URL: a.a.O.

Literaturliste

1. Alexander, Eben, Dr. med.: Blick in die Ewigkeit, Ansata Verlag, München [3]2013

2. Aquino, Thomas von (Hrsg. Joseph Bernhart): Summe der Theologie, Bd. 1, Gott und die Schöpfung, Kröner Verlag, Stuttgart [3]1985

3. Aristoteles: Die Nikomachische Ethik, Patmos Verlag GmbH, Düsseldorf 2005

4. Arthur, Peter: Film, Am Anfang war das Licht, 2010

5. Augustinus, Aurelius: Bekenntnisse, Patmos Verlag, Düsseldorf 2007

6. Augustinus, Aurelius: Vom Gottesstaat, dtv, München 2007

7. Aurel, Marc: Wege zu sich selbst, C.H. Beck, München [2]2008

8. Bernstein, Douglas A., Borovec, Thomas D.: Entspannungstraining, Klett-Cotta Verlag, Stuttgart, [13]2013

9. Biser/Heinzmann: Theologie der Zukunft, Wissenschaftliche Buchgesellschaft, Darmstadt [3]2010

10. Biser, E.: Der inwendige Lehrer, Books on Demand GmbH, www.bod.de

11. Burpo Todd mit Vincent, Lynn: Den Himmel gibt's echt, SCM Hänssler, Holzgerlingen [12]2012

12. Carnegie, Dale: Sorge dich nicht, lebe, Scherz Verlag, München [90]1990

13. Dalai Lama: Der Weg zum Glück, Herder Verlag, Freiburg 2002

14. Die Bibel, Einheitsübersetzung, Altes und Neues Testament, Herder Verlag, Freiburg 1980

15. Domian, Jürgen: Interview mit dem Tod, Gütersloher Verlagshaus, Gütersloh, ³2012

16. Englert, Stefan: Grosses Handbuch der chinesischen Phytotherapie, Akupunktur und Diätetik, Verlag für ganzheitliche Medizin Dr. Erich Wühr GmbH Kötzting, 2002

17. Faulstich, Joachim: Das heilende Bewusstsein, Knaur Taschenbuch, München 2008

18. Faulstich, Joachim: Das innere Land, MensSana, München 2006

19. Fischer Stefan: Hieronimus Bosch – Das vollständige Werk, TASCHEN Deutschland GmbH, Köln 2017)

20. Focks, Claudia: Norman Hillenbrand, Leitfaden chinesische Medizin, Urban & Fischer Verlag, München 2006

21. Gaarder, Jostein: Sofies Welt, dtv, München 2000

22. Ford, Arthur: Bericht vom Leben nach dem Tod, Scherz Verlag, München 1971

23. J.W. von Goethe, Faust, 1. Teil, Kap. 6, Philipp Reclam jun. Verlag, Ditzingen 1992

24. Fromm, Erich: Haben oder Sein – Die seelischen Grundlagen einer neuen Gesellschaft, dva, München 1976

25. Gotteslob, Katholischen Gebet- und Gesangbuch, Ausgabe für die Diözöse Regensburg, Verlag Friedrich Pustet, Regensburg 2013

26. Gronbeck, Selma: Mit Homöopathie die Seele heilen, Haug Verlag, München 2004

27. Grün, Anselm: Das große Buch der Lebenskunst, Herder Verlag, Freiburg, 22010

28. Häuptling Seattle: Wir sind ein Teil der Erde, Patmos-Verlag der Schwabenverlag AG, Mannheim 2004

29. Henschke, Thomas: Rosenthal Hans, Ein Leben für die Unterhaltung, Berlin, Schwarzkopf und Schwarzkopf 1999

30. Hermann, Eva: Von drüben, Reichl Verlag, St. Goar, ⁵2008

31. Hermann, Eva: Von drüben II, Reichl Verlag, St. Goar, ⁴1993

32. Hertzer, Dominique: Das Leuchten des Geistes und die Erkenntnis der Seele, VAS, Frankfurt a. Main 2006

33. Hesse, Hermann: Das Lied des Lebens, Suhrkamp Verlag, Frankfurt a. Main [21]1986

34. Hirschhausen, Eckart von: Glück kommt selten allein, Rowohlt, Reinbek 2011

35. Hoof, Hans Joachim: Deutsche Gedichte: Von Walther von der Vogelweide bis Gottfried Benn, Piper Verlag München 2008

36. Jacobson, Edmund: Entspannung als Therapie, Klett-Cotta Verlag, Stuttgart [8]2017

37. Jakoby, Bernard: Wie wir die Angst vor dem Sterben überwinden, Nymphenburger Verlag, München 2014

38. Jakoby, Bernard: Wege der Unsterblichkeit, rororo, Reinbek 2013

39. Jakoby, Bernard: Geheimnis Sterben, rororo, Reinbek [4]2007

40. Jakoby, Bernard: Verzeihen ist immer möglich, Nymphenburger Verlag, München 2013

41. Jakoby, Bernard: Alles wird gefügt, rororo, Reinbek 2008

42. Jakoby, Bernard: Die Brücke zum Licht, rororo, Reinbek [4]2005

43. Jakoby, Bernard: Begegnungen mit dem Jenseits, rororo, Reinbek [5]2006

44. Jakoby, Bernard: Mit den Engeln über die Schwelle zum Jenseits, Kailash Verlag, Verlagsgruppe Random House 2004

45. Jakoby, Bernard: Keine Seele geht verloren, rororo, Reinbek [5]2006

46. Jakoby, Bernard: Wir sterben nie: Was wir heute schon über das Jenseits wissen können, Rowohlt-Verlag, Reinbek, [9]2007

47. Jakoby, Bernard Das Leben danach: Was mit uns geschieht, wenn wir sterben, rororo, Reinbek [9]2004

48. Jakoby, Bernard: Gesetze des Jenseits, Botschaften von Gregory, Nymphenburger Verlag, München 2009

49. Jakoby, Bernard: Auch Du lebst ewig – Die Ergebnisse der modernen Sterbeforschung, Langen Müller Verlag, München 2000

50. Jung, Matthias: Seneca, dtv blaue Reihe, emu Verlagsgruppe GmbH, Lahnstein ^{2}2009

51. Kamp, Christian von: Auf einmal dem Himmel ganz nah: Nahtoderfahrungen, Verlag St. Benno, Leipzig 2013

52. Köhler, Gerhard: Lehrbuch der Homöopathie, Band I, Grundlagen und Anwendungen, 8. unveränderte Auflage, Hippokrates Verlag, Stuttgart 2003

53. Kübler-Ross, Elisabeth: Verstehen, was Sterbende sagen wollen, Knaur MensSana Verlag, München 2008

54. Kübler-Ross, Elisabeth: Interviews mit Sterbenden, Kreuz Verlag, Freiburg ^{10}1977

55. Lanz, Markus: Und plötzlich guckst du bis zum lieben Gott, Goldmann Verlag, München 2009

56. Lao Tse: Tao Te King, Das Buch vom Sinn des Lebens, Diederichs Verlag Gelbe Reihe, Heinrich Hugendubel Verlag, München 2004

57. Lao-Tse: Tao-tê King (Hrsg. Tonn, W.Y.), Manesse Verlag, Zürich, 1959

58. Lelord, Francois: Hector oder die Suche nach dem Glück. Piper Verlag, München 2011. Übersetzung Ralf Pannowitsch

59. Lommel, Pim van: Endloses Bewusstsein, Patmosverlag, Düsseldorf, ^{6}2012

60. Luborsky, L.: Einführung in die analytische Psychotherapie. Ein Lehrbuch. Analytische Psychotherapie, Vandenhoeck & Ruprecht, Göttingen ^{3}1999

61. Lütz, Manfred: Gott, Knaur TB, München 2009

62. Mahler, Margaret: Die psychische Geburt des Menschen, Fischer Taschenbuch Verlag, Frankfurt a. Main, 192008

63. Meister Eckhart: Deutsche Predigten und Traktate, Diogenes Taschenbuch, Zürich ^{21}1979

64. Meister Eckhart, Texte und Kommentar von Gerhard Wehr, marixverlag, Wiesbaden 2010

65. Meister Eckhart (Hrsg. Luise Gnädinger): Deutsche Predigten, Manesse Verlag, Zürich 1999

66. Meister Eckehart: Predigten. Deutsche Klassiker, Elsnerdruck GmbH Berlin, einmalige Sonderausgabe der Manfred Pawlak Taschenbuch Verlagsgesellschaft m.b.H. Herrsching, nach dem Wortlaut des von Josef Quint 1963 herausgegebenen und übersetzten Bandes Meister Eckehart

67. Michel, H.M., Oser Dr.: Der Mensch, ein Wanderer zweier Welten. Wegweiser Verlag, Wien 1985

68. Möller, Laux, Kapfhammer: Psychiatrie, Psychosomatik, Psychotherapie, Springer-Verlag, Berlin, ⁴2011

69. Moody, Raymond A.: Das Licht von drüben, Rowohlt Taschenbuchverlag, Reinbek ⁸2013

70. Moody, Raymond A.: 150 Menschen, die einmal im medizinischen Sinne verstorben waren und doch überlebt haben. Berichte über ihr Leben nach dem Tod. Weltbild Verlag, Augsburg 1977

71. Moorjani, Anita: Heilung im Licht, Wilhelm Goldmann Verlag München, ⁵2015

72. Neal, Mary C.: Einmal Himmel und zurück, Allegria, deutsche Ausgabe Ullstein Verlagsgruppe Berlin, ⁷2013

73. Pachl-Eberhart, Barbara: Vier minus drei, Integral Verlag, München ⁸2010

74. Pagels, Elaine: Das Geheimnis des fünften Evangeliums, dtv, München ⁵2011

75. Petersen, Jens-Erik R.: Heile dich selbst mit Bachblüten, Knaur Verlag, München 2000

76. Petrowitsch, Stephan: Dokumentarfilm »Wunder der Lebenskraft«, 2015

77. Plattlinger Anzeiger, Ausgabe 22.8.2015, Magazin zum Wochenende, Die Schule des Verstehens

78. Platsch, Klaus-Dieter: Psychosomatik in der chinesischen Medizin, Urban & Fischer, München ^{2}2005

70. Platsch, Klaus-Dieter: Was heilt, Theseus Verlag, Bielefeld ^{2}2008

80. P.M. Magazin, Bericht über Christine Kügler, das Dschungelkind, Heftnummer nicht eruierbar

81. Polo Ortiz, Dr. Gloria, Der BLITZ hat eingeschlagen, Herausgeber für den deutschen Sprachraum: ANE, Apostolat der Neu-Evangelisierung, AT-1011 Wien, Postfach 102, 2008

82. Prinz, Alois: Folge deinem eigenen Weg, Herder Verlag, Freiburg 2013

83. Quellen östlicher Weisheit, Verlag Leobuchhandlung, St. Gallen 1972

84. Rahner, Karl: Frömmigkeit früher und heute, in: Schriften zur Theologie, Bd. 7, Einsiedeln 1971

85. Randall, Lisa: Die Vermessung des Universums, S. Fischer Verlag. Frankfurt a. Main 2012

86. Ratzinger, J. Benedikt XVI, Jesus von Nazareth, Bd. 1-3, Herder Verlag, Freiburg 2007

87. Riemann, Fritz: Grundformen der Angst, Ernst Reinhardt Verlag, München, 1991

88. Rinpoche, Sogyal: Das tibetische Buch vom Leben und Sterben, Menssana, München 2010

89. Rinpoche, Tenzin Wangyal: Die heilende Kraft des Buddhismus, Goldmann Verlag, München 2012

90. Rinpoche, Tenzin Wangyal: Den feinstofflichen Körper aktivieren, Arkana Verlag, Göttingen ^{4}2011

91. Rinpoche, Tenzin Wangyal: Der direkte Weg zur Erleuchtung, O.W. Barth Verlag, München 2010

92. Ross, Jeremy: Zang Fu, Medizinisch literarische Verlagsgesellschaft m.b.H., ^{4}1995

93. Rubin, Joel Bruce (Drehbuchautor), Film »Nachricht von Sam«, Regisseur Jerry Zucker, 1990. Amerik. Orginaltitel: »Ghost«

94. Saint-Exupery, Antoine de: Der kleine Prinz, Karl Rauch Verlag, Anaconda Verlag, Köln 2015

95. Sartori, P., Badham, P., Fenwick, P.: A Prospectively Studied Near-Death Experience with Corroborated Out-of-Body Perceptions und Unexplained Healing, Journal of Near Death Studies, 25(2), Winter 2006

96. Scheffer, Mechthild: Die Original-Bachblütentherapie, Urban & Fischer Verlag, München 2008

97. Schiebeler, Werner: Wir überleben den Tod, Herder Verlag, Freiburg 1988

98. Schiller, Friedrich: Sämtliche Werke, dtv, München 2004

99. Schiller, Friedrich: Sämtliche Gedichte und Balladen, Inselverlag, ²2013

100. Schwager, Georg F.X.: Anna Schäffer, Vorbild der Kranken, Leidenden und Armen, Schnell + Steiner Verlag, Regensburg 2012

101. Stolp, Hans, Margarete von den Brink: Begegnungen im Lichtreich, Aquamarin Verlag, Voglherd 1, Grafing, 2011

102. Stolp, Hans: Die erlösende Kraft des Verzeihens, Aquamarin Verlag, Grafing 2005

103. Stolp, Hans: Die ersten drei Tage im Jenseits, Aquamarin Verlag, Grafing 2014

104. Straubinger, Peter Arthur, Film: Am Anfang war das Licht, 2010

105. Suzuki D.T.: Der westliche und der östliche Weg, Ullstein Verlag, Berlin 1991

106. Styger, Anton: Erlebnisse mit den Zwischenwelten, Band 1, Seelenbefreiungen, Stygerverlag, 6351 Oberägeri, Schweiz, 2008

107. Teresa von Avila: Ich bin ein Weib – und obendrein kein Gutes, Herder Verlag, Freiburg ⁹2012

108. Teresa von Avila: Die innere Burg, Diogenes Verlag, Zürich ⁹2012

109. Teresa von Avila: Vida (1565 vollendet, eine frühere Fassung ist verlorengegangen) Das Buch meines Lebens. Herder Verlag, Freiburg 2001

110. Thich Nhat Hanh: Wie Siddharta zum Buddha wurde, Theseus Verlag, Bielefeld 62011

111. Tolstoj, Leo: Die Romane: Krieg und Frieden, Band III-VI, Diogenes. Zürich 2007

112. Tolstoj, Leo: Die Romane: Anna Karenina, Band I-II, Diogenes, Zürich 2007

113. Tolstoj, Leo: Die ,Romane: Die Auferstehung, Band VII, Diogenes, Zürich 2007

114. Tolstoj, Leo: Das Sterben des Iwan Iljitsch, Brunnen Verlag, Gießen 2009

115. Tolstoj, Leo: Für alle Tage: Ein Lebensbuch, Verlag C.H. Beck, München 2015

116. Unser Leben – Sein Wort, Das Neue Testament mit Fotos von heute, Einheitsübersetzung – Ökumenischer Text, Verlag Katholisches Bibelwerk Stuttgart 1980

117. Weeks, Nora: Edward Bach, Irisiana Verlag München, [4]1996

118. Westbrook A. and Ratti O., Aikido and the Dynamic Sphere, Charles E. Tuttle Company, Rutland [20]1981

110. Wickland, Carl: 30 Jahre unter den Toten, Otto Reichl Verlag, St. Goar [15]2009

120. Witte, Karl Heinz: Leben aus dem Grund des Lebens, Verlag Karl Alber, Freiburg, [3]2013

121. Young, William Paul: Die Hütte, Ullstein Taschenbuch, Berlin [6]2012

Weblinks

1. Seite »Nahtoderfahrung«in anthrowiki. Stand: 3.7.2015. URL: http://www.anthrowiki.at/Nahtoderfahrung. Abruf 8.8.2017

2. Aphorismen.de – Zitate, Sprüche und Gedichte. »Güte ist …«. O.D. https://www.aphorismen.de/zitat/11876. Abruf 15.8.2017

3. Aphorismen.de. Aphorismen, Zitate, Sprüche und Gedichte. »Achte auf deine Gedanken! Sie sind der Anfang deiner Taten.«O.D. URL: https://www.aphorismen.de/zitat/13123. Abruf 26.8.2017

4. Augustinus, Aurelius: Zitate-online: »Oh Mensch lerne tanzen…«. O.D. URL: http://www.zitate-online.de/literaturzitate/allgemein/ 19743/oh-mensch-lerne-tanzen-sonst-wissen-die.html. Abruf 15.8.2017

5. Blutiger Landraub für Zuckerrohr – E10 aus Brasilien. Regenwaldreport 3/2012, S. 9. https://www.regenwald.org/regenwaldreport/2012/365/ e10-aus-brasilien-blutiger-landraub-fuer-zuckerrohr. Abruf 1.10.2016.

6. Buber, Martin: Jeder ist dazu berufen, etwas in der Welt zur Vollendung zu bringen. In: Zitate.eu. URL: https://www.zitate.eu/author/buber-martin-dr/zitate?page=3, Abruf am 16.8.2017

7. Der chinesische Bauer, Autor unbekannt, 2. Jh. V. Chr. Die deutsche Übersetzung orientiert sich an der Übersetzung von Claude Larre et. al. (1993), nachzulesen z.B. auf www.institut-berlin.de. Abruf 10.8.2015, 21.15

8. Der Himmel ist leer. Vom Anfang und Zweck der bemannten Raumfahrt – 50 Jahre Juri Gagarin. http://www.deutschlandfunk.de/ der-himmel-ist-leer.740.de.html?dram:article_id=112005. Abruf 1.10.2015

9. Deutschle, Tom, Dr.: Faszination Regenwald. Infocenter-Zerstörung-Agrartreibstoffe. 21.3.2016. http://www.faszination-regenwald.de/info-center/zerstoerung/ agrartreibstoffe.htm. Abruf 6.9.2017.

10. Duplinski, Holger: Traditionelle Chinesische Medizin und Psychologie & Psychotherapie mit Akupunktur. O.D. http://www.abz-nord.de/Literatur/Diplomarbeiten/ duplinskis.htm. Abruf 15.8.2017.

11. Evangelische Kirche in Deutschland: Hölle. O.D.
https://www.ekd.de/Holle-11219.htm, Abruf 17.8.2017, 6.00 Uhr

12. Evangelium der Maria Magdalena, O.D.
http://www.hermetik-international.com/de/mediathek/historische-schriften-der-gnosis/maria-magdalena-evangelium/. Abruf
26.10.2015

13. FH-Münster, Sammlung deutscher Zitate:»Der Weise ist immer
fröhlich.«Nr. 180. O.D. URL: https://www.fh-muenster.de/ciw/
downloads/personal/juestel/juestel/Zitate.pdf. Abruf 7.9.2017.

14. Glücksarchiv.»Nimm dir Zeit...«, nach einem alten irischen Gebet.
O.D. URL: https://www.gluecksarchiv.de/inhalt/
lebensregeln_nimmdirzeit.htm. Abruf 15.8.2017.

15. Goethe, J.W.: Gutzitiert- Zitate, Sprüche, Aphorismen.»Was ist das
Schwerste von allem? Was dir das Leichteste dünket: Mit den Augen
zu sehn, was vor den Augen dir lieget.«
O.D. URL: http://www.gutzitiert.de/
zitat_autor_johann_wolfgang_von_goethe_thema_gesicht_zitat_
9910.htm. Aus Xenien aus dem Nachlaß 45. Abruf 6.8.2017.

16. Hippokrates von Kos (460-ca. 377 v.Chr.). Aphorismen.de.
Aphorismen, Zitate, Sprüche und Gedichte.»Es ist vernünftig, von
einem Arzt zu erwarten, dass er vor der Macht des Geistes,
Krankheiten zu überwinden, Achtung hat.«URL:
https://www.aphorismen.de/zitat/56982, Abruf 15.8.2017

17. Hippokrates:»Die Gier ist die Quelle des Elends, der Sorgen und des
Kummers.«In: Gute Zitate . URL:
https://gutezitate.com/zitat/110995. Abruf 7.8.2017.

18. Hippokrates: Zitate zum Nachdenken.»Krankheiten überfallen den
Menschen nicht wie ein Blitz...«. O.D. URL:
http://zitatezumnachdenken.com/hippokrates/6719. Abruf
16.8.2017

19. Hoffmann, Petr, Dr. med.: Psychische Probleme vom Gesichtspunkt
der TCM. O.D. URL: https://www.chinesischekrauter.com/de/aus-
dem-nahkastchen-der-tcm/psychische-probleme. Abruf
17.8.2017.

20. Kästner, Erich: Gute Zitate: »Der Humor ist der Regenschirm der Weisen.«URL: https://gutezitate.com/zitat/246711. Abruf 8.9.2017

21. Kohl, Christian Thomas: Quantenphysik trifft Buddhismus. raum&zeit-Interview mit Christian Thomas Kohl, Freiburg, von Detlef Scholz, München – raum&zeit Ausgabe 140/2006. URL: https://www.raum-und-zeit.com/bewusstsein/quantenphysik-und-spiritualitaet/quantenphysik-trifft-buddhismus.html. Abruf 16.8.2017

22. Nardi, Giuseppe: C8-Kardinalsrat 1: Kardinal Marx korrigiert Jesus und schafft Hölle und Fegefeuer ab. 18.11.2013. URL: http://www.katholisches.info/2013/11/c8-kardinalsrat-1-kardinal-marx-korrigiert-jesus-und-schafft-hoelle-und-fegefeuer-ab. Abruf 6.9.2017

23. Niklaus von der Flüe (1417-1487), Gebet »Mein Herr und mein Gott…«. O.D. URL: http://www.bruderklaus.com. Abruf 17.9.2015.

24. Psychosomatik (Planet Wissen). 2.3.2016. URL: http://www.planet-wissen.de/gesellschaft/medizin/psychosomatik/index.html. Abgerufen am 20.8.2017

25. Raabe. Wilhelm: »Humor ist der Schwimmgürtel auf dem Strom des Lebens.«URL: www.aphorismen.de/zitat/151094, Abruf 15.8.2017

26. Rettet den Regenwald e.V.: »E10 & Biodiesel. Heft Regenwald Report Nr. 3/12, S. 6 URL: https://www.regenwald.org/uploads/regenwaldreport/pdf/regenwaldreport-3-12.pdf. Abruf 6.9.2017.

27. Schiller, Friedrich: «Ein frohes heiteres Gemüt…». URL: . https://www.aphorismen.de/zitat/78076. Abruf 17.8.2017.

28. Schuseil, Petra: LebenstempoBlog. O.D. https://petraschuseil.wordpress.com/2009/05/08/krise-und-chance-in-der-chinesischen-sprache/, Abruf 10.8.2017

29. Wolferseder, Wolfgang: Analogien zwischen Buddhismus und Quantenphysik. 7.5.2016. URL: urknall-weltall-leben.de/urknall-weltall-leben-forum/weiterfuehrende-themen-philosophie-theologie-etc/920-analogien-zwischen-buddhismus-und-quantenphysik. Abruf: 1.9.2017

30. Seite »Aikidō«. In: Wikipedia, Die freie Enzyklopädie.
Bearbeitungsstand: 3. August 2017, 08:28 UTC. URL:
https://de.wikipedia.org/w/
index.php?title=Aikid%C5%8D&oldid=167825530 (Abgerufen: 6.
August 2017, 20:49 UTC)

31. Seite »Äquivalenz von Masse und Energie«. In: Wikipedia, Die freie
Enzyklopädie. Bearbeitungsstand: 19. Juni 2017, 10:46 UTC. URL:
https://de.wikipedia.org/w/index.php?title=%C3%84quivalenz_
von_Masse_und_Energie&oldid=166530997 (Abgerufen: 16. August
2017, 17:11 UTC)

32. Seite »Altägyptisches Totengericht«. In: Wikipedia, Die freie
Enzyklopädie. Bearbeitungsstand: 15. Juli 2017, 05:56 UTC. URL:
https://de.wikipedia.org/w/index.php?title=Alt%C3%
A4gyptisches_Totengericht&oldid=167271487 (Abgerufen:
15. August 2017, 11:45 UTC) (Gericht, Feder, Finsternis, Wurde das
Herz der Vernichtung)

33. Seite »Angelus Silesius«. In: Wikipedia, Die freie Enzyklopädie.
Bearbeitungsstand: 30. Juli 2017, 20:41 UTC. URL:
https://de.wikipedia.org/w/
index.php?title=Angelus_Silesius&oldid=167734244 (Abgerufen:
7. August 2017, 09:04 UTC)

34. Seite »Angst«. In: Wikipedia, Die freie Enzyklopädie.
Bearbeitungsstand: 13. Juli 2017, 22:59 UTC. URL:
https://de.wikipedia.org/w/
index.php?title=Angst&oldid=167242347 (Abgerufen: 9. August)

35. Seite »Aristoteles«. In: Wikipedia, Die freie Enzyklopädie.
Bearbeitungsstand: 3. August 2015, 22:25 UTC. URL:
https://de.wikipedia.org/w/
index.php?title=Aristoteles&oldid=144692100 (Abgerufen:
17. August 2015, 10:34 UTC)

36. Seite »Aristoteles Onassis«. In: Wikipedia, Die freie Enzyklopädie.
Bearbeitungsstand: 1. Mai 2017, 12:44 UTC. URL:
https://de.wikipedia.org/w/index.php?title=Aristoteles_
Onassis&oldid=165078776 (Abgerufen: 14. August 2017, 06:01 UTC)

37. Seite »Augustinus von Hippo«. In: Wikipedia, Die freie Enzyklopädie. Bearbeitungsstand: 4. April 2017, 10:28 UTC. URL: https://de.wikipedia.org/w/index.php?title=Augustinus_von_Hippo&oldid=164232051 (Abgerufen: 9. April 2017, 16:22 UTC)

38. Seite »Benediktiner«. In: Wikipedia, Die freie Enzyklopädie. Bearbeitungsstand: 14. August 2015, 19:35 UTC. URL: https://de.wikipedia.org/w/index.php?title=Benediktiner&oldid=145035991 (Abgerufen: 17. August 2015, 10:29 UTC)

39. Seite »Buddhismus«. In: Wikipedia, Die freie Enzyklopädie. Bearbeitungsstand: 5. Juli 2017, 17:41 UTC. URL: https://de.wikipedia.org/w/index.php?title=Buddhismus&oldid=167007862 (Abgerufen:August 2017, 08:56 UTC)

40. Seite »Bergpredigt«. In: Wikipedia, Die freie Enzyklopädie. Bearbeitungsstand: 24. Mai 2017, 11:47 UTC. URL: https://de.wikipedia.org/w/index.php?title=Bergpredigt&oldid=165782168 (Abgerufen: 17. August 2017, 04:47 UTC)

41. Seite »Buddha«. In: Wikipedia, Die freie Enzyklopädie. Bearbeitungsstand: 2. Juni 2017, 06:45 UTC. URL: https://de.wikipedia.org/w/index.php?title=Buddha&oldid=166017502 (Abgerufen: 17. August 2017, 17:18 UTC)

42. Seite »Buddhistische Ethik«. In: Wikipedia, Die freie Enzyklopädie. Bearbeitungsstand: 28. Juni 2016, 16:13 UTC. URL: https://de.wikipedia.org/w/index.php?title=Buddhistische_Ethik&oldid=155704990 (Abgerufen: 17. August 2017, 17:33 UTC)

43. Seite »Byzantinisches Reich«. In: Wikipedia, Die freie Enzyklopädie. Bearbeitungsstand: 16. August 2017, 15:37 UTC. URL: https://de.wikipedia.org/w/index.php?title=Byzantinisches_Reich&oldid=168204934 (Abgerufen: 17. August 2017, 04:31 UTC)

44. Seite »Christina Onassis«. In: Wikipedia, Die freie Enzyklopädie. Bearbeitungsstand: 18. Juli 2016, 15:38 UTC. URL: https://de.wikipedia.org/w/index.php?title=Christina_Onassis&oldid=156262314 (Abgerufen: 14. August 2017, 05:59 UTC)

45. Seite »Daodejing«. In: Wikipedia, Die freie Enzyklopädie. Bearbeitungsstand: 2. Juli 2017, 15:41 UTC. URL: https://de.wikipedia.org/w/index.php?title=Daodejing&oldid= 166917888 (Abgerufen: 10. August 2017, 20:18 UTC)

46. Seite »Dietrich Bonhoeffer«. In: Wikipedia, Die freie Enzyklopädie. Bearbeitungsstand: 10. April 2015, 13:09 UTC. URL: https://de.wikipedia.org/w/index.php?title=Dietrich_Bonhoeffer& oldid=140737168 (Abgerufen: 17. August 2015, 10:32 UTC)

47. Seite »Down-Syndrom«. In: Wikipedia, Die freie Enzyklopädie. Bearbeitungsstand: 1. August 2017, 12:31 UTC. URL: https://de.wikipedia.org/w/index.php?title=Down-Syndrom& oldid=167775470 (Abgerufen: 17. August 2017, 19:37 UTC)

48. Seite »Dschalāl ad-Dïn ar-Rūmī«. In: Wikipedia, Die freie Enzyklopädie. Bearbeitungsstand: 20. August 2017, 20:47 UTC. URL: https://de.wikipedia.org/w/index.php?title=Dschal%C4%81l_ad-D%C4%ABn_ar-R%C5%ABm%C4%AB&oldid=168322548 (Abgerufen: 10.8.2017)

49. Seite »Edler Achtfacher Pfad«. In: Wikipedia, Die freie Enzyklopädie. Bearbeitungsstand: 14. Dezember 2016, 12:36 UTC. URL: https://de.wikipedia.org/w/index.php?title=Edler_Achtfacher_ Pfad&oldid=160644668 (Abgerufen: 8. April 2017, 17:09)

50. Seite »Edward Bach«. In: Wikipedia, Die freie Enzyklopädie. Bearbeitungsstand: 25. Februar 2016, 12:47 UTC. URL: https://de.wikipedia.org/w/index.php?title=Edward_Bach&oldid= 151898721 (Abgerufen: 20. August 2017, 05:50 UTC)

51. Seite »Entdeckung Amerikas 1492«. In: Wikipedia, Die freie Enzyklopädie. Bearbeitungsstand: 7. Juli 2017, 09:17 UTC. URL: https://de.wikipedia.org/w/index.php?title=Entdeckung_ Amerikas_1492&oldid=167056658 (Abgerufen: 16. August 2017, 03:54 UTC)

52. Seite »Epiktet«. In: Wikipedia, Die freie Enzyklopädie. Bearbeitungsstand: 11. November 2016, 14:44 UTC. URL: https://dc.wikipedia.org/w/index.php?title=Epiktet&oldid= 159590393, Abgerufen: 19. März 2017, 14:02 UTC)

53. Seite »Gelassenheitsgebet«. In: Wikipedia, Die freie Enzyklopädie. Bearbeitungsstand: 8. August 2017, 06:28 UTC. URL: https://de.wikipedia.org/w/index.php?title=Gelassenheitsgebet& oldid=167964531 (Abgerufen: 15. August 2017, 05:31 UTC)

54. Seite »Geschichte des Johanniterordens«. In: Wikipedia, Die freie Enzyklopädie. Bearbeitungsstand: 12. Juli 2017, 11:52 UTC. URL: https://de.wikipedia.org/w/index.php?title=Geschichte_des_ Johanniterordens&oldid=167202654 (Abgerufen: 17. August 2017, 19:08 UTC)

55. Seite »Gnadenbild vom Barmherzigen Jesus«. In: Wikipedia, Die freie Enzyklopädie. Bearbeitungsstand: 21. Oktober 2016, 17:10 UTC. URL: https://de.wikipedia.org/w/index.php?title=Gnadenbild_vom_ Barmherzigen_Jesus&oldid=158949208 (Abgerufen: 6. August 2017, 19:28 UTC)

56. Seite »Gottesbeweis«. In: Wikipedia, Die freie Enzyklopädie. Bearbeitungsstand: 3. August 2017, 11:01 UTC. URL: https://de.wikipedia.org/w/index.php?title=Gottesbeweis& oldid=167829725 (Abgerufen: 17. August 2017, 18:49 UTC)

57. Seite »Gottfried Wilhelm Leibniz«. In: Wikipedia, Die freie Enzyklopädie. Bearbeitungsstand: 20. Juli 2017, 13:49 UTC. URL: https://de.wikipedia.org/w/index.php?title=Gottfried_Wilhelm_ Leibniz&oldid=167432498 (Abgerufen: 16. August 2017, 17:54 UTC)

58. Seite »Gravitation«. In: Wikipedia, Die freie Enzyklopädie. Bearbeitungsstand: 8. August 2017, 13:31 UTC. URL: https://de.wikipedia.org/w/index.php?title=Gravitation&oldid= 167975389 (Abgerufen: 16. August 2017, 19:23 UTC)

59. Seite »Harald Lesch«. In: Wikipedia, Die freie Enzyklopädie. Bearbeitungsstand: 22. Juni 2017, 23:57 UTC. URL: https://de.wikipedia.org/w/index.php?title=Harald_Lesch&oldid= 166635772 (Abgerufen: 17. August 2017, 05:23 UTC)

60. Seite »Heiliges Römisches Reich«. In: Wikipedia, Die freie Enzyklopädie. Bearbeitungsstand: 4. August 2017, 09:02 UTC. URL: https://de.wikipedia.org/w/index.php?title=Heiliges_R%C3% B6misches_Reich&oldid=167855939 (Abgerufen: 17. August 2017, 04:29 UTC

61. Seite »Heinrich II. (England)«. In: Wikipedia, Die freie Enzyklopädie. Bearbeitungsstand: 23. Juni 2017, 14:02 UTC. URL: https://de.wikipedia.org/w/index.php?title=Heinrich_II._ (England)&oldid=166649493 (Abgerufen: 25. August 2017, 19:11 UTC)

62. Seite »Heinrich VIII. (England)«. In: Wikipedia, Die freie Enzyklopädie. Bearbeitungsstand: 22. August 2017, 03:33 UTC. URL: https://de.wikipedia.org/w/index.php?title=Heinrich_VIII._ (England)&oldid=168363285 (Abgerufen: 25. August 2017, 19:07 UTC)

63. Seite »Hippokrates von Kos«. In: Wikipedia, Die freie Enzyklopädie. Bearbeitungsstand: 8. Juli 2017, 08:14 UTC. URL: https://de.wikipedia.org/w/index.php?title=Hippokrates_ von_Kos&oldid=167078796 (Abgerufen: 18. August 2017, 19:40 UTC

64. Seite »Hölle«. In: Wikipedia, Die freie Enzyklopädie. Bearbeitungsstand: 9. September 2015, 16:11 UTC. URL: https://de.wikipedia.org/w/index.php?title=H%C3%B6lle& oldid=145881723 (Abgerufen: 18. August 2017, 21:15 UTC)

65. Seite »Homöopathie«. In: Wikipedia, Die freie Enzyklopädie. Bearbeitungsstand: 7. August 2017, 07:51 UTC. URL: https://de.wikipedia.org/w/index.php?title=Hom%C3% B6opathie&oldid=167936999 (Abgerufen: 17. August 2017, 06:27 UTC)

66. Seite »Isaac Newton«. In: Wikipedia, Die freie Enzyklopädie. Bearbeitungsstand: 15. August 2017, 20:39 UTC. URL: https://de.wikipedia.org/w/index.php?title=Isaac_Newton& oldid=168185959 (Abgerufen: 16. August 2017, 19:21 UTC)

67. Seite »Kartäuser«. In: Wikipedia, Die freie Enzyklopädie. Bearbeitungsstand: 31. Mai 2017, 07:19 UTC. URL: https://de.wikipedia.org/w/index.php?title=Kart%C3% A4user&oldid=165959638 (Abgerufen: 17. August 2017, 16:36 UTC)

68. Seite »Kirlianfotografie«. In: Wikipedia, Die freie Enzyklopädie. Bearbeitungsstand: 6. Februar 2017, 10:29 UTC. URL: https://de.wikipedia.org/w/index.php?title=Kirlianfotografie& oldid=162369154 (Abgerufen: 18. August 2017, 19:41 UTC)

69. Seite »Konstantin«. In: Wikipedia, Die freie Enzyklopädie. Bearbeitungsstand: 3. August 2017, 09:36 UTC. URL: https://de.wikipedia.org/w/index.php?title=Konstantin& oldid=167827462 (Abgerufen: 17. August 2017, 04:36 UTC)

70. Seite »Ludwig XIV.«. In: Wikipedia, Die freie Enzyklopädie. Bearbeitungsstand: 5. August 2017, 15:23 UTC. URL: https://de.wikipedia.org/w/index.php?title=Ludwig_XIV.& oldid=167894572 (Abgerufen: 17. August 2017, 04:33 UTC)

71. Seite »Maria Faustyna Kowalska«. In: Wikipedia, Die freie Enzyklopädie. Bearbeitungsstand: 21. November 2016, 09:44 UTC. URL: https://de.wikipedia.org/w/index.php?title=Maria_Faustyna_ Kowalska&oldid=159913348 (Abgerufen: 6. August 2017, 19:30 UTC)

72. Seite »Friedrich II. (Preußen)«. In: Wikipedia, Die freie Enzyklopädie. Bearbeitungsstand: 9. August 2017, 16:23 UTC. URL: https://de.wikipedia.org/w/index.php?title=Friedrich_II._ (Preu%C3%9Fen)&oldid=168015252 (Abgerufen: 15. August 2017, 11:52 UTC)

73. Seite »Integral«. In: Wikipedia, Die freie Enzyklopädie. Bearbeitungsstand: 22. August 2015, 08:51 UTC. URL: https://de.wikipedia.org/w/index.php?title=Integral&oldid= 145287450 (Abgerufen: 16. August 2017, 17:52 UTC)

74. Seite »Integralrechnung«. In: Wikipedia, Die freie Enzyklopädie. Bearbeitungsstand: 21. Juli 2017, 19:57 UTC. URL: https://de.wikipedia.org/w/index.php?title=Integralrechnung& oldid=167474744 (Abgerufen: 16. August 2017, 19:05 UTC)

75. 202. Seite »Juri Alexejewitsch Gagarin«. In: Wikipedia, Die freie Enzyklopädie. Bearbeitungsstand: 25. Mai 2017, 09:48 UTC. URL: https://de.wikipedia.org/w/index.php?title=Juri_Alexejewitsch_ Gagarin&oldid=165804874 (Abgerufen: 16. August 2017, 19:29 UTC)

76. Seite »Karl Marx«. In: Wikipedia, Die freie Enzyklopädie. Bearbeitungsstand: 1. September 2017, 16:26 UTC. URL: https://de.wikipedia.org/w/index.php?title=Karl_Marx&oldid= 168686304 (Abgerufen: 3. September 2017, 18:35 UTC)

77. Seite »Kennedy«(Familie) in: Wikipedia, Die freie Enzyklopädie. Bearbeitungsstand: 30. Juli 2017, 13:36 UTC. URL: https://de.wikipedia.org/w/index.php?title=Kennedy_(Familie)&oldid=167723194 (Abgerufen: 14. August 2017, 05:55 UTC)

78. Seite »Māori«. In: Wikipedia, Die freie Enzyklopädie. Bearbeitungsstand: 25. Juli 2017, 11:13 UTC. URL: https://de.wikipedia.org/w/index.php?title=M%C4%81ori&oldid=167572202 (Abgerufen: 17. August 2017, 06:31 UTC)

79. Seite »Martin Buber«. In: Wikipedia, Die freie Enzyklopädie. Bearbeitungsstand: 3. September 2015, 09:02 UTC. URL: https://de.wikipedia.org/w/index.php?title=Martin_Buber&oldid=145679884 (Abgerufen: 21. September 2015, 17:12 UTC)

80. Seite »Meister Eckhart«. In: Wikipedia, Die freie Enzyklopädie. Bearbeitungsstand: 14. September 2015, 08:31 UTC. URL: https://de.wikipedia.org/w/index.php?title=Meister_Eckhart&oldid=146019725 (Abgerufen: 21. September 2015, 17:25 UTC).

81. Seite »Mystik«. In: Wikipedia, Die freie Enzyklopädie. Bearbeitungsstand: 22. April 2017, 21:36 UTC. URL: https://de.wikipedia.org/w/index.php?title=Mystik&oldid=164824669 (Abgerufen: 7. August 2017, 09:02 UTC)

82. Seite »Ora et labora«. In: Wikipedia, Die freie Enzyklopädie. Bearbeitungsstand: 9. Juni 2017, 11:27 UTC. URL: https://de.wikipedia.org/w/index.php?title=Ora_et_labora&oldid=166225388 (Abgerufen: 17. August 2017, 17:20 UTC)

83. Seite »Natürliche Theologie«. In: Wikipedia, Die freie Enzyklopädie. Bearbeitungsstand: 11. Juni 2017, 11:27 UTC. URL: https://de.wikipedia.org/w/index.php?title=Nat%C3%BCrliche_Theologie&oldid=166287166 (Abgerufen: 17. August 2017, 05:29 UTC)

84. Seite »Opium des Volkes«. In: Wikipedia, Die freie Enzyklopädie. Bearbeitungsstand: 2. Juni 2017, 21:21 UTC. URL: https://de.wikipedia.org/w/index.php?title=Opium_des_Volkes&oldid=166040619 (Abgerufen: 3. September 2017, 18:31 UTC

85. Seite »Origenes«. In: Wikipedia, Die freie Enzyklopädie. Bearbeitungsstand: 1. Juli 2017, 11:31 UTC. URL: https://de.wikipedia.org/w/index.php?title=Origenes&oldid= 166880772 (Abgerufen: 10. August 2017, 18:53 UTC)

86. Seite »Physik (Aristoteles)«. In: Wikipedia, Die freie Enzyklopädie. Bearbeitungsstand: 30. Juli 2017, 12:07 UTC. URL: https://de.wikipedia.org/w/index.php?title=Physik_(Aristoteles)& oldid=167721166 (Abgerufen: 17. August 2017, 18:41 UTC)

87. Seite »Plotin«. In: Wikipedia, Die freie Enzyklopädie. Bearbeitungsstand: 7. März 2017, 18:45 UTC. URL: https://de.wikipedia.org/w/index.php?title=Plotin&oldid= 163369573 (Abgerufen: 9. April 2017, 16:20 UTC)

88. Seite »Preußische Tugenden«. In: Wikipedia, Die freie Enzyklopädie. Bearbeitungsstand: 6. Juli 2017, 20:19 UTC. URL: https://de.wikipedia.org/w/index.php?title=Preu%C3% 9Fische_Tugenden&oldid=167046958 (Abgerufen: 14. August 2017, 13:49 UTC)

89. Seite »Psychosomatik«. In: Wikipedia, Die freie Enzyklopädie. Bearbeitungsstand: 12. Mai 2017, 15:02 UTC. URL: https://de.wikipedia.org/w/index.php?title=Psychosomatik& oldid=165442003 (Abgerufen: 18. August 2017, 04:51 UTC)

90. Seite »Psychotherapieforschung«. In: Wikipedia, Die freie Enzyklopädie. Bearbeitungsstand: 30. Mai 2017, 22:36 UTC. URL: https://de.wikipedia.org/w/index.php?title= Psychotherapieforschung&oldid=165954518 (Abgerufen: 21. August 2017, 18:45 UTC)

91. Seite »Quantenphysik«. In: Wikipedia, Die freie Enzyklopädie. Bearbeitungsstand: 12. Mai 2017, 12:56 UTC. URL: https://de.wikipedia.org/w/index.php?title=Quantenphysik& oldid=165438943 (Abgerufen: 16. August 2017, 17:13 UTC)

92. Seite »Ratio«. In: Wikipedia, Die freie Enzyklopädie. Bearbeitungsstand: 18. Juli 2015, 16:41 UTC. URL: https://de.wikipedia.org/w/index.php?title=Ratio&oldid= 144143764 (Abgerufen: 16. August 2017, 17:24 UTC)

93. Seite »Renaissance«. In: Wikipedia, Die freie Enzyklopädie. Bearbeitungsstand: 6. August 2017, 16:45 UTC. URL: https://de.wikipedia.org/w/index.php?title=Renaissance& oldid=167921361 (Abgerufen: 16. August 2017, 17:51 UTC)

94. Seite »René Descartes«. In: Wikipedia, Die freie Enzyklopädie. Bearbeitungsstand: 20. Juli 2017, 18:24 UTC. URL: https://de.wikipedia.org/w/index.php?title=Ren%C3%A9_ Descartes&oldid=167441871 (Abgerufen: 6. August 2017, 19:44 UTC)

95. Seite »Ritterlichkeit«. In: Wikipedia, Die freie Enzyklopädie. Bearbeitungsstand: 21. Juli 2017, 08:26 UTC. URL: https://de.wikipedia.org/w/index.php?title=Ritterlichkeit& oldid=167457260 (Abgerufen: 14. August 2017, 11:42 UTC)

96. Seite »Samuel Hahnemann«. In: Wikipedia, Die freie Enzyklopädie. Bearbeitungsstand: 26. April 2017, 14:18 UTC. URL: https://de.wikipedia.org/w/index.php?title=Samuel_Hahnemann& oldid=164936577 (Abgerufen: 17. August 2017, 06:29 UTC)

97. Seite »Schwarzer Raucher«. In: Wikipedia, Die freie Enzyklopädie. Bearbeitungsstand: 30. März 2017, 06:02 UTC. URL: https://de.wikipedia.org/w/index.php?title=Schwarzer_ Raucher&oldid=164079815 (Abgerufen: 15. August 2017, 11:54 UTC)

98. Seite »Seele«. In: Wikipedia, Die freie Enzyklopädie. Bearbeitungsstand: 22. Juli 2017, 17:22 UTC. URL: https://de.wikipedia.org/w/index.php?title=Seele&oldid= 167496302 (Abgerufen: 15. August 2017, 13:04 UTC

99. Seite »Sexualethik«. In: Wikipedia, Die freie Enzyklopädie. Bearbeitungsstand: 14. Juni 2017, 14:37 UTC. URL: https://de.wikipedia.org/w/index.php?title=Sexualethik&oldid= 66385568 (Abgerufen: 14. August 2017, 14:00 UTC)

100. Seite »Sexueller Missbrauch in der römisch-katholischen Kirche«. In: Wikipedia, Die freie Enzyklopädie. Bearbeitungsstand: 12. August 2017, 16:31 UTC. URL: https://de.wikipedia.org/w/ index.php?title=Sexueller_Missbrauch_in_der_r%C3%B6misch-katholischen_Kirche&oldid=168099926 (Abgerufen: 14. August 2017, 14:03 UTC)

101. Seite »Sowjetunion«. In: Wikipedia, Die freie Enzyklopädie. Bearbeitungsstand: 27. Mai 2017, 16:06 UTC. URL: https://de.wikipedia.org/w/index.php?title=Sowjetunion& oldid=165857821 (Abgerufen: 17. August 2017, 04:39 UTC)

102. Seite »Starke Wechselwirkung«. In: Wikipedia, Die freie Enzyklopädie. Bearbeitungsstand: 5. August 2017, 18:55 UTC. URL: https://de.wikipedia.org/w/index.php?title=Starke_ Wechselwirkung&oldid=167899275 (Abgerufen: 16. August 2017, 19:19 UTC)

103. Seite »Teresa von Ávila«. In: Wikipedia, Die freie Enzyklopädie. Bearbeitungsstand: 6. August 2015, 07:55 UTC. URL: https://de.wikipedia.org/w/index.php?title=Teresa_von_% C3%81vila&oldid=144767967 (Abgerufen: 17. August 2015, 10:27 UTC).

104. Seite »Thomas Becket«. In: Wikipedia, Die freie Enzyklopädie. Bearbeitungsstand: 2. August 2017, 08:29 UTC. URL: https://de.wikipedia.org/w/index.php?title=Thomas_Becket& oldid=167798800 (Abgerufen: 25. August 2017, 19:09 UTC)

105. 258. Seite »Thomas Morus«. In: Wikipedia, Die freie Enzyklopädie. Bearbeitungsstand: 17. August 2017, 12:07 UTC. URL: https://de.wikipedia.org/w/index.php?title=Thomas_Morus& oldid=168226449 (Abgerufen: 25. August 2017, 19:04 UTC)

106. Seite »Thomas von Aquin«. In: Wikipedia, Die freie Enzyklopädie. Bearbeitungsstand: 21. Juli 2015, 22:41 UTC. URL: https://de.wikipedia.org/w/index.php?title=Thomas_von_ Aquin&oldid=144252140 (Abgerufen: 17. August 2015, 10:28 UTC)

107. Seite »Todsünde«. In: Wikipedia, Die freie Enzyklopädie. Bearbeitungsstand: 31. Juli 2017, 19:01 UTC. URL: https://de.wikipedia.org/w/index.php?title=Tods%C3%BCnde &oldid=167758887 (Abgerufen: 17. August 2017, 05:21 UTC)

108. Seite »Totengericht«. In: Wikipedia, Die freie Enzyklopädie. Bearbeitungsstand: 7. August 2017, 06:15 UTC. URL: https://de.wikipedia.org/w/index.php?title=Totengericht& oldid=167934940 (Abgerufen: 10. August 2017, 19:52 UTC)

109. Seite »Tugend«. In: Wikipedia, Die freie Enzyklopädie. Bearbeitungsstand: 6. August 2017, 15:16 UTC. URL: https://de.wikipedia.org/w/index.php?title=Tugend&oldid=167918949 (Abgerufen: 13. August 2017, 14:26 UTC)

110. Seite »Ueshiba Morihei«. In: Wikipedia, Die freie Enzyklopädie. Bearbeitungsstand: 25. Januar 2017, 11:45 UTC. URL: https://de.wikipedia.org/w/index.php?title=Ueshiba_Morihei&oldid=161981901 (Abgerufen: 6. August 2017, 20:46 UTC)

111. Seite »Universum«. In: Wikipedia, Die freie Enzyklopädie. Bearbeitungsstand: 30. Juli 2017, 14:15 UTC. URL: https://de.wikipedia.org/w/index.php?title=Universum&oldid=167724403 (Abgerufen: 15. August 2017, 12:03 UTC)

112. Seite »Urknall«. In: Wikipedia, Die freie Enzyklopädie. Bearbeitungsstand: 11. August 2017, 14:58 UTC. URL: https://de.wikipedia.org/w/index.php?title=Urknall&oldid=168071458 (Abgerufen: 17. August 2017, 18:55 UTC)

113. Seite »Vaterunser«. In: Wikipedia, Die freie Enzyklopädie. Bearbeitungsstand: 16. Juli 2017, 11:26 UTC. URL: https://de.wikipedia.org/w/index.php?title=Vaterunser&oldid=167308451 (Abgerufen: 17. August 2017, 18:09 UTC)

114. Seite »Von guten Mächten treu und still umgeben«. In: Wikipedia, Die freie Enzyklopädie. Bearbeitungsstand: 28. Juli 2017, 17:50 UTC. URL: https://de.wikipedia.org/w/index.php?title=Von_guten_M%C3%A4chten_treu_und_still_umgeben&oldid=167677489 (Abgerufen: 16. August 2017, 17:09 UTC)

115. Seite »Wärmetod (Physik)«. In: Wikipedia, Die freie Enzyklopädie. Bearbeitungsstand: 31. Dezember 2016, 14:58 UTC. URL: https://de.wikipedia.org/w/index.php?title=W%C3%A4rmetod_(Physik)&oldid=161136134 (Abgerufen: 17. August 2017, 18:58 UTC)

116. Seite »Zisterzienser«. In: Wikipedia, Die freie Enzyklopädie. Bearbeitungsstand: 31. Juli 2015, 14:55 UTC. URL: https://de.wikipedia.org/w/index.php?title= Zisterzienser&oldid=144584551 (Abgerufen: 17. August 2015, 10:30 UTC)

117. Seite »Zivilcourage«. In: Wikipedia, Die freie Enzyklopädie. Bearbeitungsstand: 11. Juli 2017, 03:33 UTC. URL: https://de.wikipedia.org/w/index.php?title= Zivilcourage&oldid=167161931 (Abgerufen: 16. August 2017, 11:59 UTC)

118. Servos, Stefan: Herr der Ringe Film.de. https://www.herr-der-ringe-film.de/v3/de/filme/darsteller/gegner/gollum/gollum-1.php, Abruf 6.8.2017

119. Tourleader Neuseeland: Die Maori in Neuseeland. 2017 URL: http://www.tourleader.co.nz/de/index.php/neuseeland/ maori-neuseeland, Abruf 17.8.2017